きちんとかめる、たのしく食べる

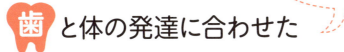と体の発達に合わせた

赤ちゃんと 0〜3歳 幼児のごはん

指導：外木徳子（小児歯科医）
婦人之友社編

contents

06 歯と体の発達に合わせるとなぜいいのでしょう　外木徳子（小児歯科医）

08 食べることは、人とつながること　榎田二三子（保育学）

09 五感も広がっていきます　若江恵利子（小児科医）

10 この本の表記について／離乳食づくりに便利な調理器具

11 歯と体の発達&
赤ちゃんと幼児のごはんレシピ

12 かむことの大切さ

14 味覚を育てる家庭料理　稲原よし子（管理栄養士）
　　手づくりが安心　丸井浩美（管理栄養士）

15 離乳食を始めるタイミング／離乳食の役割とは…

16 離乳食と幼児食の進め方早見表 & 食事目安量

18 進め方、食べさせ方の Point ／いつから食べられますか?

19 離乳食をつくるときに気をつけること

20 発達に合わせた形状早見表

22 おかゆの炊き方

23 基本の昆布だし／基本の野菜スープ

5〜6カ月ごろ
24 口唇食べ期 〈離乳初期〉

◎ 歯と体の発達／食べさせ方ポイント
◎ レシピ

うどんのくたくた煮／パンと野菜のおかゆ／ミルクパンがゆ／麩のとろとろ煮／白身魚のすり流し／白身魚とポテトペースト／キャベツのポタージュ(ミルク味)／かぼちゃのポタージュ(和風)／じゃがいものミルク和え／りんごのすりおろし／豆腐のくず煮／豆腐とほうれん草のとろみ煮

7〜8カ月ごろ
32 舌食べ期 〈離乳中期〉

◎歯と体の発達／食べさせ方ポイント
◎レシピ

のりがゆ／しらすがゆ／豆入りミートソース／とりひき肉とワンタンのとろみ煮／ささみとかぶのスープ／たいのとろろ蒸し／白身魚とじゃがいものシチュー／かぼちゃのそぼろ煮／絹ごし豆腐と野菜の卵とじ／野菜のチーズ煮／かぼちゃプリン／さつまいもとりんごのやわらか煮

9〜11カ月ごろ
40 歯ぐき食べ期 〈離乳後期〉

◎ 歯と体の発達／食べさせ方ポイント
◎ レシピ

ひじきごはん／やわらかすいとん／麩入り肉だんごスープ／とり肉と里いもの豆乳煮こみ／かぶのそぼろ煮／千草焼き／さけの和風シチュー／小松菜のごま和え／ツナポテトバーグ／豆腐ととりひき肉のつくね焼き／いももち／ごまクッキー

contents

48 ⓬〜㉔カ月ごろ
手づかみ食べ期 〈離乳完了期〉

◎ 歯と体の発達／食べさせ方ポイント
◎ レシピ

キャロットライス／ジューシーミートローフ／野菜のフラン／野菜と厚揚げの白みそスープ／たらの野菜あんかけ／インドサモサ／豆腐ハンバーグ／にら、卵、豆腐の炒め煮／かぼちゃのコロッケ／野菜の甘酢和え／ひじきのジョン／黒糖クッキー

64 ❷〜❸歳ごろ
歯食べ期 〈幼児食期〉

◎ 歯と体の発達／食べさせ方ポイント
◎ レシピ

リングピーマン／薄切り肉のチーズとんかつ／たら、じゃがいも、ブロッコリーのグラタン／さわらのふわふわのり焼き／ショートパスタのポモドーロ／小松菜の中華風ごはん／けんちん汁／きんぴらごぼう／ぎせい豆腐／野菜の揚げびたし／コーンフレーククッキー／豆腐レアチーズケーキ

56 1歳の"お誕生日おめでとう！"のメニュー

Birthday Menu ❶
オムライス／コーンスープ／温野菜サラダ／バナナケーキ

Birthday Menu ❷
ごはん・ひじきのふりかけ／豆腐と三つ葉のおすまし／ささみのカレー揚げ／ほうれん草のごま酢和え／オレンジゼリー

- 60 とりわけ離乳食（ある献立から）
  炊きこみごはん／おすまし／肉だんごと野菜の炊き合わせ／りんご

- 62 とりわけしやすいおかず 7品

- 72 手早くできる幼児とおとなの献立
  ―タイムテーブルとコツ―

  - Menu ❶ 基本の一汁三菜
    ごはん／具だくさん野菜のみそ汁／さけの塩焼き／じゃがいものしょうゆバター煮／かぶの甘酢漬け

  - Menu ❷ 野菜たっぷりでも手早く
    ごはん／にらと玉ねぎのかき玉スープ／麻婆豆腐／ほうれん草とにんじんのナムル／さつまいものオレンジ煮

- 76 ♣幼児期の「おやつ」は、甘いものだけでなく

77 食べ方のトラブル＆歯のケア

- 78 どうしますか？「好き嫌い」
- 80 「かめない」「食べない」ときは、どうしたらいいですか？
- 82 3歳ですが、きちんとかめずに丸のみしています。どうしたらいいでしょう。
- 84 正しい歯みがきで、虫歯知らず
- 87 ♣虫歯予防のキソ知識
- 88 あとがき

歯と体の発達に合わせると
なぜいいのでしょう

●**外木徳子**（小児歯科医／東京歯科大学講師）

月齢は目安、
子どものようすをよく見て

　おっぱいをのむだけだった赤ちゃんも、やがて歯が生え、座れるようになり、家族とともに食卓を囲む日がやってきます。

　その過程においては、口や手をはじめとする体の発達と、食べることへの意欲を高める心の成長にそうことが大切です。つまり、何カ月になったら離乳食を始める、何カ月になったから次の段階の食事に移行する、という月齢だけで進めていくことではありません。

　子どもの成長は、個々でずいぶん異なるものです。一般的には体の大きさや、精神面での発育程度で、その子の状態を評価することが多いのですが、口の中の発育状態はそれにも増して千差万別です。

　たとえば、離乳完了期といわれる1歳6カ月の子どもでも、前歯しか生えていない場合と、奥歯（第1乳臼歯）まで生えている場合とがあります。前歯しか生えていない子は、前歯で食べものをかじりとることはできても、歯ぐきや舌で押しつぶせるくらいのかたさでなくては、それ以上、細かくしたりやわらかくすることはできません。結果として、丸のみするか吐き出してしまうのです。

　一方、奥歯まで生えている子どもは、全部で16本の歯がそろっています。おとなとまったく同じかたさのものは食べられなくても、ある程度のかたさのものはかみつぶすことができます。そうなると、食べられるものが増えるだけでなく、手づかみ食べを積極的にさせる必要も出てきます。また、いつまでもやわらかいものばかりを与えていると、かえってかむ意欲が培われず、食への関心が希薄に

なりかねません。このように、月齢は同じでも、発達が異なり、結果として食べるものも大きく違う例は、たくさんあるのです。

ほかの子と比較せず、ゆっくりあせらず

さて、ここで注意する必要があるのは、口の中の発育と、精神面や身体面（体の大きさや運動神経など）の発育は必ずしも一致しないということです。歯の生え方が遅いからといって、精神面、身体面の発育もゆっくりかというと、そうとは限りません。ですから、お母さん、お父さんをはじめとする保育者は、いつも総合的に子どもを見て判断してほしいと思います。決して、ほかの子と比較してあせったり、悩んだりすることはありません。ゆっくり、わが子の成長に合わせて進めてください。

自分で食べる力をはぐくむ

赤ちゃんがおっぱいを吸うのは本能で、反射行動といいます。ところが食べる行動は、口の中で食べものを細かく砕き、それを舌でうまくまとめ、口の奥に運び、飲みこむという一連の動作で、くり返しの学習で獲得していくものです。ですから、私たちおとなが離乳期にするのは「食べさせること」ではなく、「自分で食べられるようになる発達過程をサポートすること」です。それは、離乳食が栄養面ばかりでなく、歯やそしゃく機能の発達を考えて進めること、そのものといえます。

この本では、その点に着目しながら、わかりやすく表しています。どうぞ、ゆったりした気持ちでお子さんと向き合いながら、離乳期、幼児期のごはんを進めていかれることを願っています。

食べることは、人とつながること

● 榎田二三子 (保育学)

　赤ちゃんは、最初はおっぱいやミルクを飲むだけですが、次第にお母さんを触ったり、途中で休んでまわりを見まわしたり、声を出したりするなど、外界への関心を持つようになります。そして、おっぱいや哺乳瓶を見ただけで、自分を満足させてくれるうれしい「もの」と、手足をばたばたさせて喜ぶようにもなります。お母さんは、おなかがすくとおっぱいやミルクをくれて、おなかいっぱいの気持ちのよい状態にしてくれる、とてもうれしい「人」です。

　はじめての離乳食。おとなは、食べてくれるかしらと、おっかなびっくりではありませんか。赤ちゃんは、自分にとってうれしい人である、お母さんが差し出してくれるものなら、疑いもなく口にします。ところが、慣れ親しんだおっぱいの味とは違う……。けれども、おいしいとわかれば身を乗り出し、手を伸ばして食べるでしょう。おとなはうれしいですね。逆に、せっかく一生懸命つくったの

に、ぷいと横を向いたり、口から出したりされると、がっかりしてしまいます。でも、赤ちゃんだって食べたくないときもあれば、嫌だと思う味もある。小さな小さな赤ちゃんも、人格を持った人間なのだと気づかされるときです。

　食べないと、がっかりした気持ちになるのはなぜでしょう。「食べる」とは外界をとりこむこと。差し出してくれた人を受け入れることにつながります。だからこそおとなは、食べてくれないと、自分自身が拒否されたように感じてしまうのでしょう。

　食事は、実際の食べることだけでなく、そこでの人と人との関係も「食べる」のです。おとながおいしそうに食べたり、食事の雰囲気が楽しそうであることで、赤ちゃんも、まわりの人が食べていることに興味を持ちます。食べることの裏側には、親しく思う人とのつながりがあるのです。

五感も広がっていきます

● 若江恵利子（小児科医）

　はじめて子育てをしたときのこと。授乳し、おむつを替えると、息子はうとうとし始めるので、こちらもようやく休めると思いきや、すぐにぐずぐずと泣き始めます。なんとか寝かそうと、あやしたり抱っこしたりしているうちに、もう次の授乳時間…。1日中、朝も夜もこのくり返しで、慣れない子育てはたいへんだったことを思い出します。そして半年がすぎるころ、少しずつ朝と夜の区別がついてきて、いよいよ離乳食づくりが始まりました。

　赤ちゃんは、生後5～6カ月ごろまでは、母乳や粉ミルクだけで健康を保ち、正常な発育をしますが、それ以降になると、水分の多い乳汁だけでは栄養が不足してきます。また、多種多様な食べものを摂取する生活に移行することは、心身の発達にとっても、大切なことです。

　離乳食は、成長に応じたそしゃく機能を育てるとともに、食べものの味を幅広く経験させることができます。さらに、視覚、嗅覚、聴覚、触覚の発達にも密接に関係しています。栄養は、体重を増やすためだけに必要なのではありません。

　最近、アレルギー疾患の発症を心配して、医師の指導によらず、自己判断で離乳の開始を遅らせる傾向にありますが、食べものへの興味を失わせてしまうことから、精神的な発達への影響が懸念されています。また、1歳ごろまで母乳がメインの食生活をしていると、鉄不足を起こし、病気に対する抵抗力が弱まる場合もあります。歯と体の発達に合わせて離乳食を進めていく意味は、こうした面からも大切といえます。

この本の表記について

◎離乳食・幼児食の段階を表す5つの期のこと

[口唇食べ期]⋯⋯⋯歯が生える少し前の段階。5〜6カ月ごろ

[舌食べ期]⋯⋯⋯⋯下の前歯が生え始める時期。7〜8カ月ごろ

[歯ぐき食べ期]⋯⋯上下前歯が生えてくる時期。9〜11カ月ごろ

[手づかみ食べ期]⋯上下前歯が生えそろい、奥歯が生え始める。12〜24カ月ごろ

[歯食べ期]⋯⋯⋯⋯第2乳臼歯も生え、乳歯20本が生えそろう。2〜3歳ごろ

◎計量の単位は、1カップ＝200ml、大さじ1＝15ml、小さじ1＝5mlです。

◎材料は廃棄量をのぞいた正味の目方(g)です。

離乳食づくりに便利な調理器具

離乳食の少量調理には、小さなすり鉢、茶こしなど、小ぶりの調理器具がおすすめ。スムーズに失敗なくつくれます。
また、小さじ½や¼があると、計量しやすいでしょう。

◯マッシャー
マッシュする面が直径4cmほど。食べる量だけを手軽につぶせる。

◯小鍋
直径約12cmのミルクパン。下ゆでにも、仕上げにも。少し厚手のステンレス製だとこげつきにくい。

◯蒸し器
直径約15cmの蒸し器。茶碗蒸しやココットのほか、素材を茹でる代わりに蒸しても。小さな蒸し器があると、気軽にできる。

塩1gについて　　塩1gは、ひとつまみ。3本の指（親指、人差し指、中指）でつまんだ量と覚えておくとよいでしょう。

歯と体の発達
&
赤ちゃんと幼児の
ごはんレシピ

赤ちゃん（5カ月ごろ）～幼児（3歳）までの
歯の発達、体の成長、食べさせ方、
食べるものの形状、つくり方など、
イラストと写真つきでわかりやすく解説します。

かむことの大切さ

正しい食べ方──前歯でひと口大にかじりとり、上下の唇をきちんと閉じて奥歯でかむ──をすると、唇液がたくさん出ます。どのような効果があるのでしょう。

 ## 1 虫歯や歯周病を予防

食べものをよくかむと、歯ぐきのマッサージになるほか、唾液がしぜんに歯の表面を流れるので、清掃効果も得られます。また、唾液は口の中を中性に保ち、歯のエナメル質からリン酸カルシウムの結晶が溶け出すのを防いだり、エナメル質を成熟させるなどの力もあります。さらに、虫歯菌や歯周病菌の繁殖を抑えるラクトフェリンやリゾチームなどの物質が含まれています。

2 味覚の向上

人は「甘味」「酸味」「塩味」「苦味」「うま味」の5つの味を感じることで、毎日の食事を楽しむことができます。また、食べものに含まれる"味物質"は唾液中にとけこみやすいので、唾液が出れば出るほど舌にある味蕾（味を感じるセンサー）が刺激され、味を豊かに感じるようになるのです。逆に、かまないと唾液の分泌が少なくなるので、食べもの本来の味がわからなくなる"味覚障害"に陥ってしまう場合もあります。

 ## 3 発声がよくなる

かむことで口のまわりの筋肉や舌が鍛えられ、滑舌が悪くなるのを防ぎます。また、唾液の成分の中には、口の中をなめらかにし、乾燥を防ぐ物質が含まれ、話しやすくする作用があります。

肥満防止

よくかむことにより、唾液中のアミラーゼという酵素が多く分泌され、炭水化物を分解し、糖に変えます。このため、血糖値が上昇して満腹中枢が刺激され、過食を防ぎます。また、アミラーゼが多く出る人の方が、インシュリンの分泌も速やかなため、糖尿病になりにくいといわれています。

 ## 胃腸の健康

よくかむと食べものが細かくなり、消化酵素の分泌も促されるので、胃腸に負担がかかりにくくなります。また、食品に含まれるさまざまな有害物質を解毒し、体に無害な物質に変化させる作用もあります。

 ## 元気になる

かむことは、自律神経の調整にも深く関わっています。全身に気力が満ち、元気になります。

 ## 脳の発達

かむという刺激はそのまま脳にも伝達され、血流がよくなることで脳の活性化を促します。年をとっても、歯があって「かむ」力がある人の方が、学習能力や生活能力がありますし、認知症のお年寄りが入れ歯を入れてかめるようになると、症状が改善する症例も多くみられます。

　正しいそしゃくや嚥下ができないままですごすと、これらのたくさんの効能を活用できなかったり、体の発育に影響が出る可能性もあります。正しい食べ方を習得させることと同時に、食べる楽しさや自分で食べる意欲を養う経験を重ねて、体も心も健やかに育みましょう。

味覚を育てる家庭料理　●稲原よし子（管理栄養士）

離乳期を経て、乳歯が全部そろうころ（2〜3歳）には、おとなとほぼ同じものを食べられる条件がととのいます。歯で食品をすりつぶすことで、唾液にとけ出す味が感じられるようになります。

濃い味つけや人工的なうま味調味料、あまりかまなくてもうま味を感じる加工食品、やわらかく口あたりのよいものなどを多くとっていると、かむことによって味わえる食品そのものの自然な味わいや、うま味を感じる機会が得られません。最近、おとなにも嫌われがちな乾物や豆、野菜などは、かまないとうま味が出てこないので、かめるようになって、はじめておいしく味わえる食品です。

幼児期の楽しくおいしい食事の経験は、将来の食習慣の土台です。この時期にきちんと食べさせて、味わいだけでなく、調理の音や香りなども、子どもの心に残せるといいですね。2歳すぎは言葉の発達が著しく、3歳になると会話も成立し、5歳には発音も完成します。食べる機能の充実と知的発育の盛んなこの時期は、食べる意欲や社会性の発達と、歯が生えそろうことがあいまって、食行動が向上していきます。

食事をしている子どものようすを見て、素材の切り方やかたさ、盛りつけ量などを加減して、一定の時間で食べ終えられるようにしましょう。おいしく上手に食べきれる食事は、能力に合っているだけでなく、機能の発達を促します。そして、子ども自身が、きれいに食べられてうれしいと感じられることが大切です。

手づくりが安心　●丸井浩美（管理栄養士）

乳幼児期の「食」は、その子の心身の成長、発達を支え、その後の食習慣の基礎となります。成長には個人差が大きく、親子ともに試行錯誤の日々に直面することもあると思います。また、子育てばかりでなく、はじめての離乳食づくりに奮闘されるかもしれません。でも、お子さんが最初に口にするものは、手づくりで、安全、安心な家庭の味をと願います。赤ちゃんが少しずつ味に慣れていくように、お母さん自身も、一歩一歩料理の技術を磨いていってください。

まずは、毎日ごはんを食べることができるありがたさ、大切な人と食卓を囲めることに感謝しながら、日々の家族の食事づくりに向き合っていただければと思います。未来をつくる子どもたちが、心身ともに健やかに育っていくことを願っております。

◎離乳食を始めるタイミング

口の中は、前歯が生えてくるころには、前歯が生える場所の歯ぐきがかたくなってきます。食べものに興味を示すようになり、家族が食べているのを見つめて、口をもぐもぐ動かしたり、よだれが増えてくるなどがみられます。（P24参照）

◎離乳食の役割とは…

［栄養］
母乳（粉ミルク）だけでは、栄養がたりなくなります。必要な栄養素を補う必要があります。

［そしゃくの練習］
かんだり、飲みこんだりは、くり返すことで身につけるものです。そのためには発達に合った形状の食べものであることが、そしゃくの練習の大切なポイントです。

［消化機能の発達］
胃、腸など、母乳以外のものを食べることで、消化酵素が活性化し、消化吸収する力が出てくるので、消化器を刺激しながら、消化機能の発達をうながします。

［味覚の形成］
生まれながらに持っている味覚を、さまざまな種類の食品を食べることで、育てていきます。また、たくさんの味に慣れることは、偏食予防に。ひいては、成人病予防の第一歩にも。

［自分で食べることの土台づくり］
最初は食べさせてもらっている食事も、次第に自分で食べたがるようになります。手づかみ食べをしてこぼしても、汚しても、抑えないでください。自分で食べたい気持ちを育てることが、食行動自立の基礎をつくります。

離乳食と幼児食の進め方早見表＆食事目安量

▼ 離乳の開始（5〜6カ月ごろ）

	口唇食べ期〈離乳初期〉 生後5〜6カ月ごろ	舌食べ期〈離乳中期〉 7〜8カ月ごろ	
歯の生え方	歯が 生える前	下の前歯が 生え始める	
調理形態	なめらかにすりつぶした状態	舌と上あごでつぶせるかたさ	
食べ方	口を閉じて「ゴックン」と 飲みこむ	舌と上あごで押しつぶし 「モグモグ」	
エネルギーと栄養素	エネルギーや栄養素、 食事量は気にしなくてよい	母乳やミルクが中心。 離乳食は食べる練習と考える	
食事回数/日	1回	2回	
母乳	授乳のリズムに沿ってほしがるだけ	食後 ＋ ほしがるだけ	
または育児用ミルク	ほしがるだけ→食後＋3回程度	食後 ＋ 3回程度	
与え方の例 母乳 または ミルク　離乳食 ＊生活パターンに合わせて、なるべく決まった時間に与えましょう	AM6:30　AM10:30　PM3:00 PM6:30　PM10:30　1カ月たったころから午後に1回離乳食を	AM6:30　AM10:30　PM2:30 PM6:30　PM10:30	
1回あたりの目安量	穀類	10倍がゆのつぶしがゆ1さじから始め、慣れてきたら野菜、さらに慣れたら豆腐、白身魚、卵黄などを試す つぶしがゆ　　〜50g 野菜・くだもの　〜20g 豆腐　　　　　〜30g 白身魚　　　　〜10g	全がゆ 50〜80g	
	野菜・くだもの		野菜・くだもの 20〜30g	
	魚 または 肉 または 豆腐 または 卵 または 乳製品		魚 または 肉 10〜15g または 豆腐 30〜40g または 卵黄1〜全卵⅓個 または 乳製品 50〜70g	

＊歯の生え方も食べる量も、あくまで目安です。個人差があるので、子どもの成長に合わせて、無理じいせずに進めましょう。
＊目安量は廃棄量をのぞいた正味の目方（g）。
＊ここに書かれている食材は一例です。食べられる食材については、P18も合わせてご覧ください。

離乳の完了（18カ月ごろ）▼

歯ぐき食べ期〈離乳後期〉 9〜11カ月ごろ	手づかみ食べ期〈離乳完了期〉 12〜24カ月ごろ	歯食べ期〈幼児食期〉 2〜3歳ごろ
上下前歯が生えて、奥歯の歯茎が膨らんでくる	上下前歯が生えそろい、第1乳臼歯が生え始める	第2乳臼歯がかみ合う
歯ぐきでつぶせるかたさ	前歯でかみ切れる大きさで歯ぐきでかみつぶせるかたさ	子どものようすを見て調理法を工夫
前歯でかじりとる。唇を閉じて、奥の歯茎でつぶす「カミカミ」	自分でひと口大をかみとれるように。奥歯でかみつぶせるが、まだすりつぶすことはできない	奥歯でしっかりかめるようになってくる
離乳食からとる割合が高くなる。鉄分の不足に気をつける	ほとんどを離乳食でとる。3食では不足するので1回おやつをとる	栄養は食事からとる
3回	3回＋1回	3回＋1回

歯ぐき食べ期：
食後 ＋ ほしがるだけ
食後 ＋ 2回程度

AM7:00　AM11:00　PM3:00
PM6:30　PM10:30

手づかみ食べ期：
AM7:00　AM11:00
PM2:30　PM6:00

歯食べ期：
＊この時期の食事の目安の量は下表を参考にしてください。

食事摂取基準から考えた1日にとりたい食品の組み合わせ（g）

		1〜2歳	3〜5歳
乳製品		牛乳300 チーズ5	牛乳300 チーズ5
卵		50	50
肉・魚		40	50
豆・大豆製品		35	40
野菜	青菜	30	40
	いも	50	50
	その他	90	120
くだもの		100	100
穀類		（男）110 （女）90	（男）170 （女）150
油脂		6	13
砂糖		5	10

歯ぐき食べ期：
全がゆ90g〜軟飯80g
野菜・くだもの30〜40g
魚 または 肉15g
または 豆腐45g
または 全卵½個
または 乳製品80g

手づかみ食べ期：
軟飯90g〜ご飯80g
野菜・くだもの40〜50g
魚 または 肉15〜20g
または 豆腐50〜55g
または 全卵½〜⅔個
または 乳製品100g

参考資料：千葉県歯科医師会「よく噛んで食べる子に育てよう」・厚生労働省「授乳・離乳の支援ガイド」

全国友の会・南関東部案

進め方、食べさせ方のPoint

- 歯の生え方、体の発達と合っているか、チェックします
  → P24、P32、P40、P48、P64

- 口や唇の動き、かみ方をよく見ましょう
  → P25、P33、P40、P49、P64

- 基本的に、最初のうちは味つけしません。進むにつれて、薄く味つけ。目安はおとなの1/2程度です。

- 離乳食は、それぞれの時期に適した大きさ、かたさにします
  → P20

- 笑顔で楽しく食べましょう！

- あせらず、ゆっくり。あなたのお子さんの成長、個性に合わせて進めてください。

いつから食べられますか？

5〜6カ月ごろ	野菜	にんじん、かぼちゃ、じゃがいも、大根、かぶ、玉ねぎ、キャベツ、トマト、ブロッコリーのつぼみなど、やわらかく調理しやすいもの
	肉・魚介	たいなどの脂肪分が少ない白身魚 しらすも塩ぬきすれば使える
	その他	麩、豆腐、きなこ、卵は卵黄のみ（かたゆでで）。
7〜8カ月ごろ	野菜	なす、ピーマン、きゅうり、長ねぎなど レタスはゆでれば食べられる
	肉・魚介	さけ、まぐろ、とり肉（脂肪の少ないささみ、皮なしのむね肉から）、ツナ（水煮）
	乳製品	牛乳（調理に加熱して使う）、プレーンヨーグルト、カッテージチーズなど
	その他	卵黄から全卵へ（必ず加熱）。納豆、高野豆腐（すりおろして）。わかめやのりなど海藻類
9〜11カ月ごろ	野菜	れんこん、もやし、にら、きのこ、ひじきなど。繊維のあるものは細かくきざみ、やわらかく煮る
	肉・魚介	あじ、さんまなど青魚 豚、牛の赤身ひき肉、レバーも少量なら可
	その他	卵は全卵（必ず加熱）。ゆで大豆（つぶして）
12〜24カ月ごろ	野菜	ごぼう、たけのこなど。繊維のあるものは細かくきざんで調理する。ほとんどのものが食べられる
	肉・魚介	貝類、かに、えび、いか、たこ（かみ切りにくいので、様子を見ながら与える）
	乳製品	牛乳（加熱せずに飲用としても）
	その他	油揚げ、厚揚げ（油ぬきして）

※はちみつと黒糖は、乳児ボツリヌス症予防のため、満1歳まで使いません

離乳食をつくるときに気をつけること

◎ 調理の前に

髪を整えて、よく手を洗うことが基本です。調理の前に石けんを十分に泡立てて、手のひらと甲、指先、爪まわりも念入りに洗います。手首も意識して泡を使ってよくこすり、洗い流してください。

◎ 食材もシンクも清潔に

肉、魚、卵を調理したあとは、使ったすべての器具を洗剤液でよく洗い流します。手も調理前と同じに洗います。野菜、くだものは、流水でよく洗い流します。たとえば、葉ものは、根元をよく洗い、球状の葉もの野菜は、1枚ずつはがして洗います。泥つき野菜を洗ったあとは、シンクをきれいに洗い流しましょう。

◎ 道具の衛生

包丁、まな板は清潔に。こしあみ、すり鉢、スプーンなども、ていねいに洗って乾燥させたものを使います。

◎ 新鮮な材料で

赤ちゃんは、消化、栄養の面からも新鮮な食材を選ぶことが大切です。野菜、くだものは、2〜3日おいたものを使う場合もありますが、冷蔵の肉や魚はその日のうちに調理することが基本です。すぐ調理ができない場合は、小わけにして冷凍しましょう。

◎ 加熱したものを

12カ月を迎えるまでは、基本的にはすべてのものを加熱して与えます。肉、魚は十分火を通すこと、野菜、くだものは、必ず皮をむいてから調理、加熱。やわらかくする調理だけでなく、表面だけ熱湯をくぐらせて調理することもあります。歯ごたえも大切な味の要素です。また、離乳食の最初の一歩であるりんごは、皮をむけば生でもよく、月齢に合った形状にして与えます。

◎ 時間をおいたものは与えない

調理したあとは、時間をおかずに食べさせましょう。少しでも時間をおくときは、冷蔵庫に入れ、与える直前に再加熱を。24時間以上経過する場合は、小わけにして冷凍保存する方がよいでしょう。ホームフリージングした食品は、1〜2週間に使いきれる量を目安に。

発達に合わせた形状早見表

	口唇食べ期〈離乳初期〉 生後5〜6カ月ごろ なめらかにすりつぶした状態	舌食べ期〈離乳中期〉 7〜8カ月ごろ 舌でつぶせるかたさ、小さくきざむ
ごはん	米1：水10の割合で炊いたかゆを、すりつぶす	米1：水5の割合で炊いた5倍がゆ＝全がゆ（徐々に5倍がゆへ移行）
肉	この時期は、与えません	とりささみのすじをのぞいて細かくきざむ。小鍋に入れてひたひたのだしでほぐし、かきまぜながら加熱する。（かゆにまぜる）
いも	やわらかくゆでてすり鉢でつぶし、スープでゆるめる	ゆでたら、熱いうちに粗くつぶす。（くずし煮、みそ汁に）
青菜	葉先をやわらかくゆでてきざみ、すりつぶしてペースト状にし、だしでのばす。（かゆやみそ汁に）	やわらかくゆでて、包丁で縦、横に切ってみじん切りにする。（じゃがいも、魚、ひき肉にまぜる）
にんじん	やわらかくゆでてすりつぶし、ゆで汁やだしでとろとろに。すりおろしてから加熱してもよい。（かゆなどにまぜる）	やわらく煮て、3〜5mmくらいのみじん切りにする。（煮ものなどに入れても）

各期の形状を並べました。材料を置きかえ、調理のときの参考にしてください。

歯ぐき食べ期〈離乳後期〉 9〜11カ月ごろ 歯ぐきでつぶせるかたさ	手づかみ食べ期〈離乳完了期〉 12〜24カ月ごろ 歯ぐきでかみつぶし、前歯でかみ切れるかたさ
 米1：水5の割合で炊いた5倍がゆ＝全がゆ（徐々に軟飯へ移行）	 軟飯（徐々にごはんへ移行）
 脂の少ないとりむね肉のひき肉やとりささみを使う。ささみはすじをとりのぞき、6〜8mm角に切る。小鍋でひたひたのだしと一緒に煮る。（野菜とまぜる）	 粗くきざんだとり肉（豚・牛でも）に片栗粉を加えてまぜ、ひと口大に丸める。たっぷりの湯に入れて茹でる。（煮もの、焼きもの、揚げもの、めん類の具などに）
 5〜8mmの角切りにして、やわらかく煮る。（煮もの、グラタンなどにも。さとう、しょうゆ、甘辛、塩味のほか、ケチャップを少量つけてもよい）	 1cm弱の角切りにして、やわらかく煮る。（煮もの、揚げもの、焼きものに）
 やわらかくゆでて5mm四方くらいにきざむ。（しらす干し、かつお節、のりなどをまぜて、おひたしやごま和えに）	 やわらかめにゆでて1〜1.5cm四方くらいに切る。（おひたし、和えものに）
 5〜8mm長さの角切りにして、やわらかく煮る。（煮もの、和えもの、サラダに）	 ひと口大のシャトー切りにしてから、やわらかめに煮る。（シチュー、ポトフなどに。さとう、バターを加えてグラッセに）

おかゆの炊き方

離乳期のごはんは、おかゆが基本です。成長に合わせて、米と水の割合を変えてつくります。おかゆ炊きで重要なことは、水加減です。米の量や質、鍋の形態や火力によって、水分が早くとんだり、いつまでも水っぽかったりと、でき上がりは異なってきます。はじめのうちは、つくる量、鍋の質などを考慮して、そばで見ながらつくってください。1回に炊く米の量が少ないほど、水の量を多めにする必要があります。

米からつくるおかゆ（10倍がゆ）

米…1　水…10倍

❶米は洗って土鍋（厚手の鍋）に入れ、分量の水に30分つける。（写真ⓐ）
❷ふたをして強火にかけ、沸とうしたら少しふたをずらし、弱火にして吹きこぼれないように40分ほど炊く（写真ⓑ）。火を止めてふたをし、10分蒸らしてできあがり（写真ⓒ）。

＊すりつぶしがゆ（口唇食べ期）にするときは、熱いうちにすり鉢でつぶす。
＊余った分は、1食分ずつ小わけにしてラップにのせて包みこむようにひねりとめ、容器に入れて冷凍する。1週間を目安に使いきる。

炊飯器でつくるおかゆ

炊飯器でごはんを炊くときに、同時におかゆを仕上げる方法は、手間いらずです。
耐熱カップに分量の米と水を入れ、炊飯器の中央に置いて、ふつうに炊く。

＊炊き上がった直後は、水けが多く残っているが、まぜて少し置いておくと、ちょうどよい具合になじむ。

ⓐ　　ⓑ　　ⓒ

ごはんからつくるおかゆ

[口唇食べ期]　ごはんに対して7〜8倍の水分を加え、よくまぜてから、芯がやわらかくなるまで煮て、すりつぶす。
[舌食べ期]　ごはんに対して約5倍の水分を加えて煮て、やわらかいかゆに。
[歯ぐき食べ期]　ごはんに対して約3倍の水分を加え、水分がなくなるまでやわらかく煮る。
[手づかみ食べ期]　ごはんに対してほぼ同量の水分を加え、水分がなくなるまで煮る。

おかゆの種類

[口唇食べ期・5〜6カ月ごろ]
10倍がゆ（米1に対して水10の割合）
[舌食べ期・7〜8カ月ごろ]
7倍がゆ（米1に対して水7〜8の割合）
[歯ぐき食べ期・9〜11カ月ごろ]
5倍がゆ（米1に対して水5〜6の割合）
[手づかみ食べ期・12〜24カ月ごろ]
軟飯（米1に対して水3〜4倍の割合。ごはんより少しやわらかめ）

基本の昆布だし

だし汁は、汁ものをつくるときだけでなく、つぶした食材のかたさ調節にも欠かせないもの。だしは、食材の持ち味にこくや深みを与えます。8カ月ごろまではまだかつお節は使えませんから、昆布だけでとります。そして、赤ちゃんのうちから、手づくりのおいしさを覚えさせましょう。

低温で煮出す方法

昆布を数分煮てだしをとる方法もありますが、低温でじっくり煮出すことで、昆布のうまみが最大限に引き出されます。

［つくりやすい1単位］ 水…1L 昆布…10〜15g

❶昆布の表面をかたくしぼった布巾でふく。
❷鍋に分量の水と昆布を入れ、約60℃になるまで弱火で徐々に湯温を上げる。
❸約60℃を保つように、火の調節をしながら1時間ほど煮て、昆布をとり出す。
＊火加減が難しい場合は、❷のあとで鍋帽子®をかぶせる方法が便利です（本社刊『魔法の鍋帽子』より）。

●水出しした昆布だしを沸かして使う

昆布の表面をかたくしぼった布巾でふき、水250mlに昆布2〜3gほどを入れて冷蔵庫でひと晩（約6時間）おく。昆布をとり出して、沸とうさせてから使う。

基本の野菜スープ

洋風スープのもとになる「野菜スープ」。離乳食は塩を使わなかったり、薄味に仕上げるので、塩分の入らない手づくりの野菜スープを用意しましょう。だしと同じく、食べもののかたさ調節にも必要です。

水…600ml
野菜（じゃがいも、にんじん、玉ねぎ、キャベツなど）
…150〜200g

❶野菜は皮をむいてざく切りにし、水と一緒に鍋に入れて火にかける。煮立ったら中〜弱火にし、15〜20分野菜がやわらかくなるまで静かに煮る。
❷こし器を通す。

●スープをとった野菜でつくるペースト

こした野菜は、つぶしたりミキサーにかけるなどして、適量のスープを加えてペーストにする。離乳期前半にはそのまま食べさせたり、ほかの素材と合わせて1品にしても。離乳期後半になったら、野菜はきざんで使うとよい。

●だしやスープの冷凍保存について

赤ちゃんが食べる1回量はごくわずか。昆布だしや野菜スープは冷凍保存しておくと、1食ごとにだしをとる手間が省けるので便利。製氷皿に入れて凍らせたらとり出し、密閉袋や容器に入れて冷凍保存する。野菜ペーストは、密閉袋に入れて平らに薄くのばして冷凍。必要量だけ折って使うとよい。保存期間は、すべて1〜2週間。

5〜6カ月ごろ 口唇食べ期〈離乳初期〉

[歯と体の発達]

歯ぐきがかたくなる。舌は前後運動が中心。

歯の生える時期が近づき、生える場所（歯ぐき）が膨らんでかたくなってきますが、歯は生えていません。舌の動きは、前後運動が中心ですが、上下運動もできるようになってきます。

下の前歯付近の歯ぐきがかたくなる

舌は前後に動く

体の発達は……
- 首のすわりがしっかりしている。
- 支えていると座れる。
- 食べものに興味を示す。
- スプーンなどを口に入れても、舌で押し出すことが少なくなる。

体と口の中の発達がこのようにととのってきたら、いよいよ離乳食開始のタイミング。食べものを、唇と舌を使って飲みこむ反射の起こる位置まで移動させることを、習得させます。

口唇食べ期のごはん

*つくり方P26

うどんのくたくた煮

うどんは塩分が多いので、ゆでこぼしてから使います。のどごしも消化もよいので、この時期には最適な食材です。

パンと野菜のおかゆ

パンに野菜ペーストを合わせて、のみこみやすくします。

なめらかにすりつぶした食べものを、口を閉じてゴックンと飲みこむ時期

[食べさせ方ポイント]

スプーンの使い方

❶スプーンで下唇をやさしくつついて、「ごはんですよ」「おかゆですよ」といいながら、スプーンを下唇にのせます。

❷唇ではさむまで待ち、スプーンからごくんと飲みこむのを確認してから引きぬきます。

上半身は少し後ろに傾けると飲みこみやすい

口の動き

口唇を閉じて飲みこむとき、上唇の形は変わらずに、下唇が内側に入ります。

ミルクパンがゆ

みみをとりのぞいた食パンかバターロールで。フランスパン、クロワッサン、ブリオッシュなどは、かたさやバターの多さから、向きません。

麩のとろとろ煮

麩は、離乳食期における万能選手。安価で保存もきくので、常備しておくと便利です。

離乳食の形態

- 最初は、なめらかにすりつぶしたポタージュ状で均一な舌触りが大切です。とろみがないとむせる原因になるので、とろりと流れる状態に。
- 慣れてきたら多少粒が残るベタベタ状にします。

飲みこむことから

なめらかにすりつぶした食べものをスプーンからこそげとり、舌の前後運動で口の奥に送って、「ゴックン」と飲みこむ（嚥下）練習です。

口の中に入ってくる量を感じやすいように、上唇に食べものを触れさせながら与えます。はじめは唇を閉じられず、口の端からこぼしますが、スプーンですくいとって、また口に入れます。このとき、こぼすからとスプーンを口の奥まで入れないこと。最初は、舌でスプーンを押し出して嫌がっても、慣れてくると、スプーンを下唇にのせるだけで食べものをとりこみ、唇を閉じて飲みこむようになります。

量よりも、舌触りや味に慣れるのが目的

1日目はつぶしがゆを小さじ1杯から始めます。特に変わったようすがなく、もっと食べたいようなら翌日は2さじ、翌々日は3さじと増やしていきます。赤ちゃんが嫌がる場合、無理は禁物。いったん中止し、2〜3日に1さじずつ増やします。つぶしがゆに慣れ、2週目ごろに入ったら、ペー

口唇食べ期 つくり方

うどんのくたくた煮

材料（1人分）
ゆでうどん … 15g
昆布だしまたは野菜スープ（P23参照） … 小さじ2〜3

つくり方
❶うどんは、たっぷりの湯でやわらかくゆでて塩けをぬき、細かく切ってから、すり鉢でペースト状にする。
❷❶にだし汁を加えてゆるめる。

＊うどんは、指先でつまんでつぶれるかたさまでゆでる。
＊乾めんを使うときは、先に短く折ってからゆでる。仕上げは、フードプロセッサーにかけてもよい。

パンと野菜のおかゆ

材料（1人分）
食パン（8枚切り、みみをのぞく） … ¼枚
野菜ペースト（P23参照） … 30g
湯 … 約 大さじ3

つくり方
❶食パンは細かくちぎり、湯大さじ2でふやかす。
❷❶に野菜ペースト、湯大さじ1を加えてさっと火を通す。かたい場合は、湯を足して調整する。

スト状の野菜やくだものを加えます。新しい食品は、1日1種類1さじから。慣れぐあいやアレルギー反応の有無を確認できます。食後は赤ちゃんの機嫌や肌、便の状態もみましょう。

この時期は食べものを飲みこみ、その舌触りや味に慣れるのが一番の目的です。赤ちゃんのペースに合わせて進めてください。ただ、よく食べるからと一度に多く与えることは避けます。1カ月がすぎたら、1日2回食に。2種類以上の食品を組み合わせていきます。

味つけは不要、離乳食タイムは午前中に

味つけはせず、素材の味を大切に、野菜スープや昆布だしで煮ます。授乳時間の1回を食事にあてますが、親子が落ち着いて食事ができる午前中がおすすめ。もし異常が起きた場合も、すぐに受診できます。離乳食後は、ほしがるだけ母乳（ミルク）を与えます。また、開始から1カ月は、母乳や育児用ミルクをほしがるだけ与え、2回食になったら、母乳はほしがるだけ、育児用ミルクの場合は、1日3回程度与えます。

ゆったりした気持ちで

この時期、おっぱいを吸う"哺乳反射"が残っているのに離乳食を始めると、食べさせてもすぐに舌で押し返します。そのため、食べないと悩む方もいますが、意思行動が出てくる（6カ月ごろ）まではゆったりと向き合いましょう。

ミルクパンがゆ

材料（1人分）
食パン（8枚切り、みみをのぞく）… ¼枚
育児用ミルク（粉ミルクを分量の湯でといたもの）
… 40ml

つくり方
❶食パンは細かくちぎって小鍋に入れ、ミルクを入れてふやかす。
❷❶をひと煮立ちさせ、やわらかくなったら、スプーンでパンをつぶして、とろとろにする。

麩のとろとろ煮

材料（1人分）
焼き麩（小町麩）… 3個
野菜ペースト（P23参照）… 20～30g
水 … 40ml

つくり方
❶麩は指先で細かくつぶす。
❷小鍋に❶と野菜ペースト、水を入れて、とろとろになるまで煮る。

口唇食べ期のごはん　＊つくり方P30

白身魚のすり流し

白身魚はさしみ用を。皮や骨をとる手間もなく、新鮮で、少量の調理にぴったりです。

白身魚とポテトペースト

白身魚は、ややぱさつきやすいので、ポテトペーストと合わせてのみこみやすく。

キャベツのポタージュ
（ミルク味）

食物繊維の多いキャベツは、裏ごしてなめらかにしてから使います。ほうれん草など青菜を使うときも同様に。

かぼちゃのポタージュ
（和風）

かぼちゃの甘みを味わうポタージュ。野菜の味を覚えさせる基本のレシピなので、いも類でもこの方法でつくります。

じゃがいものミルク和え

やさしい味に仕上がるミルク和え。じゃがいもを多めにゆでてペースト状にし、1食分ずつラップに包んで冷凍しておくと便利です。

りんごのすりおろし

安全で鮮度のよい、おいしいりんごでつくりましょう。

豆腐のくず煮

やわらかい豆腐も、この時期はなめらかにすりつぶします。

豆腐とほうれん草のとろみ煮

野菜は、季節のものを。にんじん、かぼちゃ、キャベツ、ブロッコリー、かぶでもよいでしょう。

口唇食べ期 つくり方

白身魚のすり流し

材料（1人分）
白身魚（たい、ひらめなどさしみ用）… 10g（1切れ）
昆布だし（P23参照）… 大さじ2

水どき片栗粉
　片栗粉 … 小さじ¼
　水 … 小さじ1弱

つくり方
❶ 白身魚は水洗いし、ゆでてからすり鉢ですりつぶす。
❷ 小鍋にだし汁と❶を入れて煮立て、水どき片栗粉を加えて薄くとろみをつける。仕上げは、フードプロセッサーにかけてもよい。

白身魚とポテトペースト

材料（1人分）
白身魚（たい、ひらめなどさしみ用）… 10g（1切れ）
野菜スープ（P23参照）… 大さじ2
じゃがいも … 15g

水どき片栗粉
　片栗粉 … 小さじ¼
　水 … 小さじ1弱

つくり方
❶ じゃがいもはやわらかくゆで、マッシャーでつぶす。
❷ 白身魚は水洗いし、ゆでてからすり鉢ですりつぶす。
❸ 小鍋に野菜スープ、❶、❷を入れて煮立て、水どき片栗粉を加えて薄くとろみをつける。

キャベツのポタージュ（ミルク味）

材料（1人分）
キャベツ … 30g（裏ごして15g）
育児用ミルク（粉ミルクを分量の湯でといたもの）
　… 40ml

水どき片栗粉
　片栗粉 … 小さじ¼
　水 … 小さじ1弱

つくり方
❶ キャベツは細かくきざみ、やわらかくなるまでゆでて、こし器などで裏ごす。
❷ 小鍋に❶とミルクを入れて煮立て、水どき片栗粉を加えて薄くとろみをつける。

かぼちゃのポタージュ（和風）

材料（1人分）
かぼちゃ（皮をのぞいて）… 10g
昆布だし（P23参照）… 大さじ½〜1

つくり方
❶ かぼちゃはやわらかくゆでて、ボウルにとり、マッシャーなどでつぶして、ペースト状にする。
❷ ❶にだし汁を加え、ポタージュ状にゆるめる。

＊かぼちゃは蒸してもよい。

じゃがいものミルク和え

材料（1人分）
じゃがいも…20g
育児用ミルク（粉ミルクを分量の湯でといたもの）
…小さじ1〜2

つくり方
❶じゃがいもはやわらかくゆで、ボウルにとって、マッシャーなどでつぶす。
❷❶にミルクを加え、ペースト状にする。

＊さつまいも、にんじん、カリフラワー、かぼちゃなどでつくってもよい。

りんごのすりおろし

材料（1人分）
りんご…20g

つくり方
りんごは、皮をむいてすりおろす。

豆腐のくず煮

材料（1人分）
絹ごし豆腐…20g
野菜スープ（P23参照）…大さじ1½

水どき片栗粉
　片栗粉…小さじ¼
　水…小さじ1弱

つくり方
❶豆腐はゆでて湯をきり、すり鉢でする。
❷小鍋に❶を入れてスープを加え、加熱する。水どき片栗粉を加えて、とろみをつける。

豆腐とほうれん草のとろみ煮

材料（1人分）
絹ごし豆腐…20g
ほうれん草（葉先）…10g
昆布だし（P23参照）…大さじ1

水どき片栗粉
　片栗粉…小さじ¼
　水…小さじ1弱

つくり方
❶ほうれん草は熱湯でやわらかくゆで、冷水にとる。水けをしぼり、細かくきざんでからすり鉢ですりつぶし、こし器などで裏ごす。
❷豆腐はゆでて湯をきり、すり鉢でする。
❸小鍋に❶と❷、だし汁を入れて熱し、水どき片栗粉でとろみをつける。

7〜8カ月ごろ 舌食べ期〈離乳中期〉

[歯と体の発達]

前歯が生えます。舌と上あごで食べものをつぶす動きを覚えます

7〜8カ月ごろになると、下の前歯2本が生え始めます。下の前歯は、舌が前に出ないための柵の役割をするもの。前歯が生えることで、舌は前後運動と上下運動が、上手にできるようになります。さらに、舌の先の方を使って食べものをとりこみ、舌と上あごを使ってつぶしたり、舌で食べものをひとまとめにして、飲みこむことができるようになります。

下の前歯2本が生える

舌の上下運動ができるようになる

体の発達は……

- 手の動き：7カ月では手全体でものをつかみ、次第に親指、人差し指、中指を使えるようになります。8カ月では、指を伸ばしてものをつかもうとしたり、手に持って振り動かしたり、なんでも口に入れたり。赤ちゃん用クッキーは、押しこむように食べます。
- 座る：7カ月ごろでは、前かがみで手をついて座りますが、だんだんに背を伸ばし、手をはなせるようになります。8カ月ごろには、上手に座れるので、食事を食べさせるのも楽に。

舌食べ期のごはん

＊つくり方P34

のりがゆ

かゆは、粒はあっても上あごと舌でつぶせるかたさにつくります。

しらすがゆ

具は、かゆと同じかたさにすることがポイント。

やわらかくして小さくきざんだ食べものを、舌で押しつぶして食べる時期

［ 食べさせ方ポイント ］

スプーンの使い方と口の動き

❶下唇の上にスプーンを置き、上唇を閉じて食べものをとりこむまで待ちます。

❷唇が左右同時に伸縮し、上下唇がしっかり閉じて薄くみえたら、食べものを舌で押しつぶしているサインです。

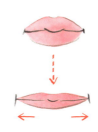

食べやすい姿勢は

食事のときは椅子に座らせましょう。舌を上あごに押しあててつぶすときに、必要な力を入れやすいように、足の裏が床や椅子の補助板にぴったりつく姿勢をとります。

＊「○○ですよ、モグモグ、ゴックン」と食べものの名前をいうなど、声をかけながら楽しく食べさせます。

＊液状のものは、スプーンを下唇の上に置いたら、上唇に食べものを触れさせて、すする動きを引き出します。スプーンは、くぼみの浅いものを。また、このときにスプーンを急いで持ち上げてしまうと、上唇の力がつかずに山形にめくれ上がり、ぽかんとした顔貌をつくる原因になります。

豆入りミートソース

淡白なとり肉に、豆を合わせて。ケチャップ味も、とり入れていきます。

とりひき肉とワンタンのとろみ煮

ワンタンの皮のとろみで、ひき肉を食べやすく。

離乳食の形態

- 舌でつぶせる豆腐やプリン状のもの。飲みこみやすいようにとろみをつけます。
- 味つけは風味づけ程度。素材の味を覚えさせましょう。

舌でつぶせるやわらかさと大きさ

舌でつぶせるやわらかさとは、親指と人差し指で食べものをはさみ、軽く力を入れたらつぶれる状態のこと。

かたいままだと丸のみしてしまったり、吐き出してしまうので、舌やあごを使う練習になりません。

また、小さすぎたり薄すぎたりしても、舌でつぶしにくいので、やわらかくて、ある程度の大きさや厚さ（5㎜ほど）が必要です。

また、つぶした食べものをひとまとめにする動きを覚え始めるので、口の中でばらばらにならないように、とろみをつけて仕上げます。

栄養の中心は、母乳。
離乳食は食べる練習

1日2回食になります。2回目を夕方の授乳時にすると、おとなの食事も利用しやすいでしょう。2回とも、毎日決まった時間に食べさせ、生活リズムをととのえることが大切です。2回目の食事

 つくり方

のりがゆ

材料（1人分）
7倍がゆ … 50〜80g
焼きのり … 全形の⅛枚

つくり方
❶焼きのりは、ちぎって水にひたし、とろとろにふやかしたら、茶こしで水けをきる。
❷小鍋にかゆと❶を入れてまぜ、ひと煮立ちさせる。

＊とろとろのりは、加熱してゆで野菜やいも類などと和えてもよい。
＊子どもの歯の発達が進んだら、5倍がゆに移行する。

しらすがゆ

材料（1人分）
7倍がゆ … 50〜80g
しらす干し … 5g（大さじ1）

つくり方
❶しらす干しはさっとゆでて湯をきり、すり鉢でかるくすりつぶす。
❷小鍋にかゆと❶を入れてまぜ、ひと煮立ちさせる。

＊子どもの歯の発達が進んだら、5倍がゆに移行する。

は、1回目の⅓量から始め、1～3週間で1回目と同じ量を食べられるようにします。ただ、この時期の栄養は、母乳（ミルク）が6～7割。離乳食は食べる練習と考え、離乳食後にはほしがるだけ母乳（ミルク）を飲ませます。また、そのほかの時間の母乳もほしがるだけ、ミルクは1日3回程度与えます。

食品の種類を増やし、バランスのとれた離乳食づくりを心がけます。かゆの量は、1食につき子ども茶碗におよそ半分。ただし、あくまで目安ですから、子どもの食欲や成長、発達の状況に応じて調節します。無理じいせずに。

7～8カ月ごろは、知能の発達とともに興味が広がり、食事中に気が散ることもあります。昨日はよく食べたのに、今日はまったく食べないといったむら食いも、よく見られます。そんなとき、無理じいされたり急かされたりすると、嫌がって食べなくなることもあります。食事の時間帯はなるべく一定にし、生活リズムを乱さないように心がけながら、あせらず進めましょう。

また、子どものそしゃく力よりかための食事になっていないか、いつも同じようなメニューになっていないかなどにも、配慮しましょう。あまり食べないからといって、必要以上に母乳やミルクを与えたり、好きなものだけ食べさせると、かえって離乳食は進まなくなるので、注意します。

豆入りミートソース

材料（1人分）
Ⓐ［とりむね（皮なし）ひき肉 … 15g　水 … 大さじ ½］
玉ねぎ … 10g　トマト（皮と種はとりのぞく）… 10g
白いんげん豆の水煮 … 10g　水 … 50㎖
トマトケチャップ … 大さじ ½　サラダ油 … 少々
水どき片栗粉［片栗粉 … 小さじ ⅓　水 … 小さじ 1］

つくり方
❶Ⓐを合わせて練っておく。
❷玉ねぎ、トマト、白いんげん豆はみじん切りにする。
❸小鍋にサラダ油を熱し、❶を入れてぱらぱらにする。色が変わったら玉ねぎを加え、しんなりしたらトマトと白いんげん豆、水を入れて具がやわらかくなるまで煮る。
❹トマトケチャップで味をととのえ、水どき片栗粉でとろみをつける。

とりひき肉とワンタンのとろみ煮

材料（1人分）
Ⓐ［とりむね（皮なし）ひき肉 … 10g　水 … 小さじ 1］
長ねぎ … 20g　ワンタンの皮 … 1～2枚
野菜スープ（P23参照）… 50㎖
しょうゆ … 1～2滴　サラダ油 … 少々

つくり方
❶Ⓐを合わせてよく練る。長ねぎはみじん切り、ワンタンの皮は1㎝の色紙切りにする。
❷小鍋にサラダ油を熱し、長ねぎをよく炒めて、とりひき肉を加えてぱらぱらになるまで炒める。
❸肉の色が変わったら、野菜スープをそそぐ。
❹❸が沸とうしたら、ワンタンの皮を重ならないように入れて、やわらかくなるまで、ほぐしながら煮る。
❺しょうゆで風味をつける。

舌食べ期のごはん　＊つくり方P38

ささみとかぶのスープ

かぶは、火の通りやすい根菜。
だしとささみのうま味がしみこんだスープです。

たいのとろろ蒸し

すりおろした長いもは、ふわっとした口あたりで、白身魚との相性もいいものです。

白身魚とじゃがいもの
シチュー

少量のホワイトソースをつくるときは、小麦粉と水分をよくまぜてから火を通すと、手軽で失敗なくできます。

かぼちゃのそぼろ煮

ひき肉を、やわらかくぱらぱらに仕上げるこつは、最初に水と練り合わせること。このひと手間で、赤ちゃんも食べやすくなります。

絹ごし豆腐と野菜の卵とじ

舌食べ期になると、卵が食べられるようになります。最初は卵黄から。きちんと火を通して与えます。

野菜のチーズ煮

チーズ味にも挑戦。塩分の少ないものを選びましょう。

かぼちゃプリン

かぼちゃの甘みを使った、やさしい味わいのデザートです。

さつまいもとりんごの やわらか煮

甘みのあるりんごを野菜と合わせると、デザートとしても楽しめます。

舌食べ期 つくり方

ささみとかぶのスープ

材料（1人分）
Ⓐ［ささみ…15g　水…大さじ½］
かぶ…10g　玉ねぎ（すりおろし）…10g
チンゲン菜（葉先）…少々
昆布だし（P23参照）…50㎖
しょうゆ…2〜3滴

つくり方
❶Ⓐのささみはすじをとり、包丁でたたいてみじん切りにし、水を加えて練っておく。
❷かぶは、やわらかくゆでて5㎜角に切る。チンゲン菜の葉は粗みじん切りにする。
❸小鍋にだしと❶、玉ねぎを入れ、まぜてから火にかけ、沸とうするまでまぜながらぱらぱらにする。
❹❷を加えてひと煮立ちし、しょうゆで風味をつける。

たいのとろろ蒸し

材料（1人分）
たい（さしみ用）…15g（1〜2切れ）
かぶ…10g
長いも…20g
昆布だし（P23参照）…50㎖
しょうゆ…1〜2滴

つくり方
❶かぶは、やわらかくゆでて5㎜角に切る。
❷小鍋にだしとたいを入れ、火が通ったら、鍋の中でかぶと同じ大きさにほぐし、❶としょうゆを加える。
❸長いもをすりおろし、❷の中に流し入れてひとまぜし、ふたをして、長いもに火が通るまで蒸し煮にする。

白身魚とじゃがいものシチュー

材料（1人分）
白身魚（さしみ用）…10g　じゃがいも…10g
玉ねぎ…5g　ミニトマト（皮と種はとりのぞく）…1個
小麦粉…小さじ1　野菜スープ（P23参照）…50㎖
牛乳または育児用ミルク（粉ミルクを分量の湯でといたもの）…大さじ1　バター…1g（小さじ¼）

つくり方
❶じゃがいも、玉ねぎはやわらかくゆでて、5㎜角に切る。ミニトマトは、粗みじんに切る。
❷白身魚はゆでて火を通し、じゃがいもと同じ大きさにほぐす。
❸小鍋に小麦粉と牛乳を入れてよくまぜてから、野菜スープを加えて火にかけ、まぜながら煮立てる。❶と❷、バターを入れてひと煮立ちさせる。

かぼちゃのそぼろ煮

材料（1人分）
かぼちゃ（皮をのぞく）…30g
Ⓐ［とりむね（皮なし）ひき肉…15g　水…大さじ½］
昆布だし…60㎖　さとう…小さじ¼
しょうゆ…2〜3滴
水どき片栗粉［片栗粉…小さじ½　水…大さじ½］

つくり方
❶かぼちゃはやわらかくゆでて、5〜7㎜のさいの目切りにする。Ⓐを合わせて練っておく。
❷小鍋にⒶを入れて弱火にかけ、スプーンなどでぱらぱらにほぐす。
❸❷にかぼちゃ、だし、調味料を加えてひと煮する。
❹水どき片栗粉でとろみをつける。

絹ごし豆腐と野菜の卵とじ

材料（1人分）
絹ごし豆腐 … 20g　とき卵 … ⅓個分
＊7か月は卵黄のみ1個分を使う
青菜（みじん切り）… 15g
昆布だし（P23参照）… 50ml
しょうゆ … 2〜3滴

つくり方
❶豆腐は5mm角に切る。
❷小鍋にだしを煮立て、豆腐と青菜を入れて火を通し、しょうゆで調味する。
❸ときほぐした卵を入れてふたをし、弱火で蒸し煮にする。

野菜のチーズ煮

材料（1人分）
ブロッコリー（つぼみの先）… 10g
にんじん … 10g　玉ねぎ … 10g
水 … 50ml　バター … 5mm角
スライスチーズ … ½枚

つくり方
❶にんじんと玉ねぎは、やわらかくゆでてから、細かく切る。
❷小鍋に水、❶、小さめにほぐしたブロッコリーを入れてやわらかく煮る。
❸❷にバターと5mm角に切ったチーズを加え、チーズがとろけるまで、弱火でこがさないように加熱する。

かぼちゃプリン

材料（容量120mlの耐熱容器1個分）
かぼちゃ（皮をのぞく）… 20g
とき卵 … ⅓個
牛乳または育児用ミルク（粉ミルクを分量の湯でといたもの）… 50ml　さとう … 小さじ⅓

つくり方
❶かぼちゃはやわらかくゆでて裏ごしし、ペースト状にする。
❷ボウルにとき卵、さとう、❶を入れてまぜ、牛乳でのばす。容器に流し入れる。
❸❷を蒸し器に入れ、蒸気の上がった蒸し鍋にセットし、弱火で10〜12分蒸す。

＊表面にかぼちゃのペーストを飾ってもよい。

さつまいもとりんごのやわらか煮

材料（1人分）
さつまいも（皮をのぞく）… 20g　りんご … 10g
水 … 100ml　さとう … 小さじ¼
バター … 5mm角

つくり方
❶さつまいもは5mmの角切り、りんごは皮をむいてすりおろす。
❷小鍋に、さつまいもと水を入れて煮る。やわらかくなったら、りんごとさとう、バターを加え、ひと煮したらできあがり。

9〜11カ月ごろ 歯ぐき食べ期〈離乳後期〉

[歯と体の発達]

前歯が上下4本ずつ生え、舌が左右に動くようになります

前歯が上下4本ずつ生え始めると、上あごが広がり、口の中の容積も大きくなる。奥歯の歯ぐきがふくらみ、舌や唇の動きも発達し、細かな動きもできるように。

前歯が上下4本ずつに

舌が左右に動く

口のまわりに次のような動きがみられれば、きちんと食べているサインです

● 下あごが左右に動いたり、上下の唇がねじれるような動き

● かんでいる側の口角が引かれる

舌で食べものを横の歯ぐきに運び、舌とほほを使って食べものを支えながらつぶす、という動作をしています。

体のようすは…

指先でものをつかめるようになるので、「手づかみ食べ」や「遊び食べ」が盛んになります。「自分で食べる」練習段階。この体験を十分にさせ、自分で食べる意欲をつけましょう。

歯ぐき食べ期のごはん

＊つくり方 P42

ひじきごはん

かゆは、歯ぐきでつぶせるかたさに仕上げます。ひじきは、芽ひじきより長ひじきの方がやわらかくなります。

やわらかすいとん

すいとんに具材をまぜて、スープに落とします。スプーンでひと口サイズにしながら食べさせます。

歯ぐきでつぶしたり、前歯でかじりとることができるようになり、
唇を閉じて口を動かして食べる時期

[食べさせ方ポイント]

スプーンの使い方と口の動き

- 下唇の上にスプーンをのせ、上唇が閉じるのを待つ。
- やわらかいものを、前歯でかじりとらせる。

前歯でかじりとって、ひと口量を習得していきます。
唇の力もかなりついてくるので、スプーンはある程度深さのあるものの方が食べやすくなります。口幅の⅔くらいの大きさのものがよいでしょう。

手づかみ食べが始まる。食べこぼすのはあたり前

手づかみ食べが始まります。自分から食べようとする意欲は、重要な自立行動の一歩。床や洋服が汚れるのを嫌がらずに、食べる体験を重ねさせてください。ただ、食べこぼしも多く、十分な量が食べられないので、同時に横から食べさせます。椅子には、足の裏が床や椅子の補助板にぴったりつく姿勢で、垂直に座ります。椅子は、テーブルに手が届き、体がやや前傾する姿勢をとれる位置に置きます。

麩入り肉だんごスープ

歯ぐき食べ期になると、豚赤身のひき肉もレパートリーに加わります。肉だんごは、のどに詰まらせないように、ひと口量をかみとらせます。

とり肉と里いもの豆乳煮こみ

この時期の素材の大きさは、1cm角が目安。大きさとかたさをそろえましょう。

41

離乳食の形態

●歯ぐきでつぶせる程度のかたさにします。熟れたバナナくらいが目安です。
●ばらばらにならない程度に、粘りけや水分があるものにします。

歯ぐきでつぶせる、前歯でかみ切れる

左右どちらかの歯ぐきですりつぶす動きがみられれば、「歯ぐき食べ期」の始まりです。いつまでも舌でつぶせるやわらかいものばかりでは、かむ動作は引き出せませんから、歯ぐきでかめる程度のかたさにします。歯ぐきでかんですりつぶすには、はさめる厚みが必要です。上下歯ぐきの隙間は約5mmなので、それより小さいと上手にかめません。また、繊維の強いものはかんだりすりつぶしたりができず、丸のみの原因になるので避けます。薄っぺらい葉もの野菜はやわらかくゆでてから与えましょう。

薄味を心がけて

この時期の味覚形成は、おとなになってからの食生活にも大いに影響します。甘みや塩味は、おとなより子どもの方が敏感で、おとなの約½の濃度で反応するといわれますから、薄味でちょうどよいでしょう。また、甘みは習慣化しやすくエスカレートしていきます。虫歯予防も考え、控えめにします。

歯ぐき食べ期 つくり方

ひじきごはん

材料（1人分）
5倍がゆ … 90g　長ひじき（乾）… 0.5g
玉ねぎ … 10g　にんじん … 5g
ごま油 … 1g（小さじ¼）　水 … 大さじ2
さとう … 少々（0.5g）　しょうゆ … 2～3滴
塩 … ごく少量（2本指でかるくひとつまみ）

つくり方
❶ひじきは、水でもどして7mm長さに切る。玉ねぎは7mm長さの薄切り、にんじんは輪切りにしてから7mm長さのせん切りにする。
❷小鍋にごま油を入れ、❶を炒める。全体に油がなじんだら、水を入れ、さとうとしょうゆ、塩で味つけし、水けがなくなるまで火を通す。
❸かゆに❷をまぜる
＊歯の発達が進んだら3倍がゆ（80g）へ移行する。

やわらかすいとん

材料（1人分）
好みの野菜（にら・白菜など）… 10g
Ⓐ小麦粉 … 大さじ3　水 … 大さじ1½
　とりむねひき肉 … 10g　とき卵 … 小さじ1
　塩 … ひとつまみ（1g）
野菜スープ（P23参照）… 200ml
しょうゆ … 1～2滴

つくり方
❶野菜は、やわらかくゆでて水けをしぼり、粗みじん切りにする。
❷Ⓐを合わせて練り、❶を加えてまぜ、3～4等分にざっくりまとめる。
❸小鍋にスープを煮立て、火を弱めてから❷をスプーンで落として形をととのえる。すいとんに火が通って浮いてきたらできあがり。しょうゆで風味をつける。

1日3回食で、生活リズムをととのえる

1日の食事は3回になります。離乳食の時間に空腹になるように、3～4時間はあける生活リズムをつけましょう。また、1日に必要な栄養量の半分を離乳食でとるようになりますが、母乳を制限する必要はありません。離乳食のあとに、母乳（ミルク）を与え、離乳食とは別に、母乳は赤ちゃんが欲するままに、育児用ミルクは1日2回程度与えます。食欲がみられないときは、授乳間隔が短かったり、回数が多かったりなどしないか、調整します。

この時期は、特定の食品が嫌いということはあまりなく、食べやすければなんでも食べるのが特徴

です。アレルギーがなければ、お母さんの苦手な食品も食べさせるようにしましょう。栄養バランスよく、たくさんの種類の食品を体験できるように心がけてください。

コップで飲む練習も

コップで飲みたがるようになりますが、口に入る量の調節がうまくできずに、こぼしてしまいます。浅いコップのふちを唇ではさませて、水分が触れるまで傾け、口に入る分量を調節するように助けます。また、ストローの使用は、コップで上手に飲めるようになってからにします。なお、コップでごくごく連続飲みができるのは、1歳すぎてからです。

麩入り肉だんごスープ

材料（1人分）
Ⓐ 焼き麩（小町麩）… 1個　豚赤身ひき肉 … 15g
　玉ねぎ（すりおろし）… 10g　しょうゆ … 2～3滴
　ごま油 … 小さじ ½　水 … 小さじ 1
だいこん … 20g　にんじん … 10g
野菜スープ（P23参照）… 150ml
Ⓑ ［さとう … ひとつまみ　しょうゆ … 2～3滴］
水どき片栗粉［片栗粉 … 小さじ 1　水 … 大さじ 1］

つくり方
❶ 麩は手でほぐす。ボウルにⒶを入れてよくまぜたら、3～4つに丸める。
❷ だいこん、にんじんはやわらかくゆでて、5～6mm厚さの小さめのいちょう切りにする。
❸ 小鍋にスープとⒷを入れて火にかけ、❶を落として火を通す。❷を加えてひと煮し、水どき片栗粉でとろみをつける。

とり肉と里いもの豆乳煮こみ

材料（1人分）
里いも … 30g（中1個）　ささみ … 15g
ごま油 … 少々　豆乳 … 30～40ml　みそ … 小さじ ½

つくり方
❶ 里いもは洗って、皮つきのまま水からゆでる。10分ほどゆでたら皮をむき、1cm角に切る。ささみはすじをとり、1cm角に切る。
❷ 小鍋にごま油とささみを入れて火にかけ、炒める。里いもを加えて、さらに炒める。
❸ ボウルにみそを入れて豆乳でのばし、❷に加えてやわらかくなるまで弱火で煮る。

 歯ぐき食べ期　＊つくり方P46

かぶのそぼろ煮

葉ものは歯ぐきではかみにくいので、小さめに切ってやわらかく火を通します。

千草焼き

せん切り野菜は、1〜1.5cmくらいに。卵でまとめて食べやすくします。

さけの和風シチュー

素材の大きさは1cmほどを目安にします。ただし、きのこはかみにくいので、小さめに切りましょう。

小松菜のごま和え

ほうれん草やはくさい、キャベツなどの葉ものなら同じ要領でつくれます。野菜はやわらかめにゆでましょう。

ツナポテトバーグ

だんだんと、手で持って食べられるようになるとき。ひと口量をかみとらせる練習も始めます。

豆腐ととりひき肉のつくね焼き

ひき肉に豆腐を合わせると、ふわっとやわらかくなります。子どものいる家庭では大活躍のレシピ。

いももち

里いもをつぶしてさとうとまぜるだけ。とろりとしたなめらかさの、安心のおやつレシピです。

ごまクッキー

まぜて伸ばして切るだけの手軽なクッキー。子どもの手のサイズに合わせ、短めにつくります。

歯ぐき食べ期 つくり方

かぶのそぼろ煮

材料（1人分）
Ⓐ［豚赤身ひき肉 … 10g　水 … 小さじ1］
かぶ … 30g（小1個）　かぶの葉先 … 5g
昆布だし（P23参照）… 60㎖　塩 … ごく少量
水どき片栗粉
 ┗片栗粉 … 小さじ½　水 … 小さじ1½

つくり方
❶Ⓐを合わせてまぜ、練っておく。
❷かぶは皮をむいて1㎝の角切り、かぶの葉先は5㎜の色紙切りにし、やわらかくゆでる。
❸小鍋にだしと❶を入れて火にかけ、軽くほぐす。火が通ったら❷を加えて煮る。
❹❸に塩を入れて、水どき片栗粉でとろみをつける。

千草焼き

材料（1人分）
全卵 … 25g（½個）　しらす干し … 3g
にんじん … 10g　キャベツ … 10g
ピーマン … 5g　サラダ油 … 少々

つくり方
❶にんじん、キャベツ、ピーマンは1.5㎝長さのせん切りにする。しらす干しは茶こしなどに入れて熱湯をかけ、水けをきる。
❷フライパンにサラダ油を熱し、野菜を炒める。
❸野菜に火が通ったら、しらす干しを入れてまぜ、全体をフライパンの中央に円形に集める。
❹❸にとき卵をまわしかけ、お好み焼きのように両面を焼く。手で持って食べやすい大きさに切りわける。

さけの和風シチュー

材料（1人分）
生さけ（皮と骨をのぞく）… 15g
里いも（1㎝角に切る）… 15g　にんじん、玉ねぎ … 各5g
しめじ（房をほぐす）… 5g　サラダ油 … 少々
塩 … ごく少量　野菜スープ（P23参照）… 30㎖
小麦粉 … 小さじ½　牛乳 … 20㎖
西京みそ … 小さじ½　万能ねぎ（葉先・小口切り）… 少々

つくり方
❶さけを焼き、粗くほぐす。玉ねぎは1㎝、にんじんとしめじは5㎜の角切りにする。里いもとにんじん、しめじは下ゆでする。
❷ボウルに粉とみそを入れ、牛乳で少しずつのばし、ダマがないようにまぜておく。
❸油で玉ねぎを炒め、塩をふり、❶とスープを加えて加熱。❷を入れて、とろみがついたら器に盛り万能ねぎを飾る。

小松菜のごま和え

材料（1人分）
小松菜 … 15g　白すりごま … 小さじ⅓
しょうゆ … 2〜3滴　さとう … 少々

つくり方
❶小松菜は、やわらかめにゆでて粗みじんに切る。
❷すりごまにしょうゆとさとうを入れてよくまぜ、❶を和える。

ツナポテトバーグ

材料（1人分）
じゃがいも … 25g　玉ねぎ … 5g
ツナ缶 …（油をきって）15g
牛乳 … 5㎖　バター … 2g

つくり方
❶じゃがいもは皮をむいてやわらかくゆで、マッシャーなどでつぶす。玉ねぎはやわらかくゆでてから、みじん切りにする。
❷ツナは細かくほぐす。
❸ボウルに❶、❷と牛乳を入れてまぜ、手で持ちやすいように小判型に丸める。
❹フライパンにバターをとかして、❸の両面をこんがり焼く。

豆腐ととりひき肉のつくね焼き

材料（1人分）
Ⓐとりむねひき肉 … 15g　小麦粉 … 小さじ ⅓
　塩 … ごく少量
絹ごし豆腐 … 15g
サラダ油 … 少々

つくり方
❶豆腐はゆでて火を通し、ざるにあげて水けをきる。
❷❶とⒶを合わせてよく練り、持ちやすいように平たい円形2つに丸める。
❸フライパンにサラダ油を熱し、❷の両面を弱めの中火でじっくり焼く。

いももち

材料（1人分）
里いも（皮つき） … 40g（小1個）
さとう … 小さじ ⅔
きなこ … 適量

つくり方
❶里いもは洗って、皮ごとやわらかくなるまでゆでる。
❷❶の皮をむき、マッシュして、さとうを加える。
❸ぬらしたスプーンで❷を形づくり、きなこをしいたバットに落として、全体にまぶす。

ごまクッキー

材料（30〜40本）
薄力粉 … 70g　ベーキングパウダー … 小さじ ¼
さとう … 小さじ1　塩 … ひとつまみ（1g）
すりごま … 大さじ1　牛乳 … 大さじ2〜3
サラダ油 … 大さじ1

つくり方
❶ボウルに粉とベーキングパウダーをふるい入れる。
❷❶にその他の材料もすべて入れ、耳たぶぐらいのかたさにして（牛乳で調節）ひとまとめにする。ラップに包み、冷蔵庫で15分ほど休ませる。
❸❷をめん棒で5㎜厚さにのばし、1×5㎝にピザカッターなどを使って切る。
❹天板にオーブンシートをしいて❸を並べ、約160℃のオーブンで20分ほど焼く。

12〜24カ月ごろ 手づかみ食べ期〈離乳完了期〉

[歯と体の発達]

上下前歯が生えそろい、第一乳臼歯が生え始め、舌は前後、上下、左右と複雑に動かせるようになります。

上下の奥歯が１本ずつ生えると、今まで歯ぐきではつぶせなかったものも食べられるようになり、そしゃくの練習をする時期に入ります。

前歯が上下４本とも生え、第１乳臼歯（奥歯）が生え始める

体の発達は……

１歳すぎるころには、歩き始めるようになり、運動機能が格段に発達します。徐々に乳歯も生えそろい、そしゃく・嚥下、消化・吸収の機能も高まります。スプーンを持てるようになります。最初は手首がうまく動かず、口に入れるときは逆さ向きになりますが、次第にすくえるようになります。こうした体の発達や動きが、自分で食べようとする意欲につながり、食べさせられるのを嫌がったり、食べものをつかんだりすることにつながります。

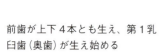 のごはん

＊つくり方 P50

キャロットライス

この時期のごはんは、通常よりやわらかめの軟飯です。栄養も風味もよいキャロットライスはおすすめのレシピ。

ジューシーミートローフ

少量でも、玉ねぎやトマトが入ることで、ジューシーなミートローフに。ソースを補えば、おとなでもおいしくいただけます。

やわらかく煮たものを、前歯でかみとれる大きさにして食べさせる時期。
手づかみ食べも積極的に

[食べさせ方ポイント]

手と口の動き

●手づかみ食べを十分に
させることが、スプーン
や箸などを使った食事動
作の基本を学ぶことに。

●手づかみした食べものを、前歯でかじりと
らせて、歯を使う感覚を教える。

●最初のころは、手に持った食べものを顔と
口が迎えにいくような動きになるが、次第に
顔が正面を向いたまま、食べものを口に入れ
ることができるようになる。

自分で食べる動きがさらに活発に。食べやすい姿勢で

おとなから食べさせてもらう
状態から、自分の手で食べる
ことへの練習時期です。椅子
には、足の裏が床や椅子の補
助板にぴったりつく姿勢で垂
直に座り、上腕を体からやや
離したときに、ひじの関節が
テーブルにつく程度の高さが
ちょうどよいでしょう。

野菜のフラン

野菜と卵は、子どもが好きな組み合わせ。蒸し
てふんわり仕上げましょう。

野菜と厚揚げの白みそスープ

こくや味わいとなる厚揚げや油揚げも、食べら
れる時期に。こっくりとして甘みのある白みそ
仕立てのスープにして。

離乳食の形態

●歯ぐきでかみつぶせるかたさで、手づかみしやすく、前歯でかみ切れるような形とかたさに。かたさの目安は、おでんのじゃがいもや大根です。

離乳完了のころ

「離乳完了」の目安は、唇を使って食べものをとりこみ、前歯でかみ切り、奥歯が生える前のかたい歯ぐきや生え始めた奥歯で、食べものをつぶし（そしゃく）、唾液とまぜ合わせて飲みこめる（嚥下）ことです。個人差はありますが、1歳から1歳6カ月までには、基本的な摂食機能がととのいます。ただ、発達には個人差があり、奥歯でのか

む練習は始まったばかり。かむ力はまだ弱く、さらに奥に生えてくる乳臼歯と比べると、かむ面が小さいため、かみつぶすことはできても、すりつぶすことはできません。ですから、おとなと同じ形態の食事ができると思うのは、間違いです。

繊維や弾力のあるもの、薄っぺらいものは避ける

繊維や弾力があるもの、薄っぺらいレタスなどの生野菜は、かむのが難しいので避けます。かめずに吐き出しても、"かめない"と判断しないでください。逆に、かまずに丸のみしているのを、食べていると勘違いしないこと。味つけは、おとなより薄く、素材の味を大切に。

手づかみ食べ期 つくり方

キャロットライス

材料（1人分）
軟飯 … 90g　にんじん … 30g
野菜スープ（P23参照）… 50ml
塩 … ごく少量　バター … 2g

つくり方
❶にんじんは、皮をむいてすりおろす。
❷小鍋にスープと❶を入れ、火にかける。やわらかくなったら塩を入れて、水分がなくなるまで煮る。
❸あたたかい軟飯に、❷とバターを入れてまぜる。

ジューシーミートローフ

材料（容量80mlの耐熱容器1個分）
豚赤身ひき肉 … 20g　玉ねぎ（みじん切り）… 10g
塩 … ごく少量　パン粉 … 大さじ1
とき卵 … 大さじ½　トマト（皮をむく）… 10g
トマトケチャップ … 小さじ⅓
中濃ソース … 小さじ⅓　サラダ油 … 少々

つくり方
❶ボウルに、サラダ油以外の材料を入れてよく練る。
❷耐熱容器にサラダ油を薄くぬり、❶を入れる。
❸❷を蒸し器に入れ、蒸気の上がった蒸し鍋にセットし、10〜15分蒸す。竹串をさして、澄んだ肉汁が上がってきたらできあがり。

手づかみ食べをたっぷりさせる

食べる意欲を育て、楽しさを教えることは、生涯通しての「食」にも大きく影響します。手づかみ食べは、目と手と口の協働運動で、その後の摂食機能の発達上、重要な役割を担います。食べこぼしはあたり前。食卓や床、衣服が汚れてもいい状態にし、お母さんも楽しみながら食べましょう。

1日4回食へ

子どもの胃の容量は小さく、1日3回の食事だけでは、必要なエネルギーや栄養素がとりきれません。間食を1回とり、4回食とします。時間を決めて、食事に影響しない量を。甘いものでなく、

おにぎり、ふかしいも、乳製品、くだものなど。また、食事時間を規則的にすると、生活リズムもととのいます。

遊び食べなど、困ったことが増えるとき

遊び食べ、偏食、むら食い、かまない、などの困ったことが多くなります。この時期は、自我の芽生えによって、食欲や食事の好みにも偏りが表れるときです。遊び食べが続くなら、時間で区切るなどの工夫を。食事の第一の目的は、体と心に栄養を与えること。叱られてばかりではストレスになりますから、危険でない限り、長期的な視野で見守りましょう。食事に関する悩みは、発達が進むにつれて安定します。

野菜のフラン

材料（容量約120mlのココット型1個分）
ブロッコリー … 10g　グリーンアスパラガス … 10g
卵 … ½個　牛乳 … 50ml
粉チーズ … 5g　塩 … ごく少量
バター（ココット型にぬる）… 適量

つくり方
❶野菜はやわらかくゆでる。ブロッコリーは細かくほぐし、グリーンアスパラガスは5mm幅の斜め切りにする。
❷ボウルに卵をときほぐして、牛乳、粉チーズ、塩を加えてまぜる。
❸型に❶と❷を入れる。
❹❸を蒸し器に入れ、蒸気の上がった蒸し鍋にセットして、弱火で10〜12分蒸す。

野菜と厚揚げの白みそスープ

材料（1人分）
好みの野菜（だいこん、キャベツ、チンゲン菜など）
… 合わせて30g
厚揚げ … 10g　水 … 50ml
白みそ … 小さじ½　牛乳 … 大さじ1

つくり方
❶野菜と厚揚げは、1cm角に切る。
❷小鍋に水と❶を入れて火にかけ、野菜がやわらかくなるまで煮る。
❸❷に白みそをとき入れ、牛乳を入れてひと煮立ちしたらできあがり。

 **手づかみ食べ期** ＊つくり方P54

たらの野菜あんかけ

たらはアレルギーの心配があるので、1歳すぎから使います。ぱさつく場合は、あんのとろみを濃くすると食べやすくなります。

インドサモサ

手で持って、前歯でひと口ずつかじりとらせましょう。中から、ほっこりとしたじゃがいもが出てきます。

豆腐ハンバーグ

ひき肉に豆腐、おろし玉ねぎを合わせるので、ふわっとやわらかく、食べやすくなります。

にら、卵、豆腐の炒め煮

食べ慣れた味と合わせながら、いろいろな食材に挑戦していきましょう。

かぼちゃのコロッケ

甘いかぼちゃにツナをまぜた、かわいらしい姿のコロッケ。手で持って、ひと口ずつ。

野菜の甘酢和え

野菜は、下ゆでしてやわらかめにしあげます。酢味も、品のよい甘酢なら、子どもも食べやすいでしょう。

ひじきのジョン

栄養価の高いひじきをたくさん食べられます。手に持たせるので、粗熱をとることを忘れずに。

黒糖クッキー

さくっとした口あたりのクッキー。粉末の黒糖がないときには、黒糖をフードプロセッサーにかけて。きび糖でもよいでしょう。

 つくり方

たらの野菜あんかけ

材料（1人分）
生たら…20g　塩…ごく少量　サラダ油…少々
はくさい、玉ねぎ、にんじん…各5g　さやえんどう…⅓本　昆布だし（P23参照）…大さじ2　しょうゆ…小さじ¼　水どき片栗粉［片栗粉…小さじ⅓　水…小さじ1］

つくり方
❶たらはひと口大にそぎ切りし、塩をふって水けをふきとる。フライパンにサラダ油を熱し、たらをおいてふたをし、両面を蒸し焼きにし、火を通す。
❷はくさい、玉ねぎ、にんじんは2cm長さのせん切りにする。さやえんどうは、すじをとってせん切りにし、にんじんと一緒にやわらかくゆでる。
❸小鍋にだし汁、玉ねぎ、はくさいを入れて煮立て、にんじん、さやえんどう、しょうゆを加えてひと煮し、水どき片栗粉でとろみをつける。

インドサモサ

材料（1人分）
シュウマイの皮…3枚　豚赤身ひき肉…10g
じゃがいも…10g　玉ねぎ…5g
カレー粉…ごく少量　塩…ごく少量
サラダ油…少々　揚げ油…適量

つくり方
❶じゃがいもは、やわらかくゆでて、マッシュする。
❷玉ねぎはみじん切りにする。
❸フライパンにサラダ油をひき、ひき肉を炒めて、色が変わったら❷を加え、さらに炒める。カレー粉と塩で味つけし、❶をまぜる。バットに広げて粗熱をとる。
❹シュウマイの皮に❸を包み、ふちに水をつけて好みの形にととのえる。
❺180℃の揚げ油でからりと揚げる。

豆腐ハンバーグ

材料（1人分）
豚赤身ひき肉、豆腐（水きりする）…各20g
玉ねぎ（みじん切り）…10g　サラダ油…少々
長ひじき（乾・戻して3〜4mm長さに切る）…0.5g
Ⓐパン粉…大さじ½　塩…少々（0.5g）
　卵（または牛乳）、片栗粉…各小さじ½
Ⓑしょうゆ…小さじ¼　さとう…少々
　昆布だし（P23参照）…30ml
水どき片栗粉［片栗粉…小さじ⅓　水…小さじ1］

つくり方
❶玉ねぎはサラダ油で炒めて、冷ましておく。
❷ボウルに肉と豆腐、ひじき、❶、Ⓐを入れてよくこね、3等分して小判型に丸める。フライパンに油を熱し、両面を香ばしく焼き、弱火で中まで火を通す。
❸Ⓑを沸かし、水どき片栗粉を加え、❷にかける。

にら、卵、豆腐の炒め煮

材料（1人分）
にら…10g　木綿豆腐…20g　卵…¼個
豚赤身ひき肉…10g
しょうが（みじん切り）…少々
サラダ油…少々　野菜スープ（P23参照）…40ml
塩…ごく少量　しょうゆ…1〜2滴

つくり方
❶にらは1.5cm長さに切る。豆腐は約1cm角に切る。
❷フライパンにサラダ油を熱し、とき卵を流し入れて炒り卵をつくり、とり出す。
❸❷のフライパンに、しょうがとひき肉を入れて炒め、豆腐を加えて軽く炒める。
❹スープと調味料を加え、にらと❷を加えて2分ほど煮る。

かぼちゃのコロッケ

材料（1人分）
かぼちゃ（皮をのぞく）… 40 g
ツナ缶 …（油をきって）10 g
バター … 1 g　塩 … ごく少量
とき卵 … 小さじ 2　小麦粉 … 大さじ ½
黒ごま … 小さじ ½　パン粉 … 大さじ 1 ½
揚げ油 … 適量

つくり方
❶かぼちゃは2つくらいに切り、やわらかくゆでてマッシュする。
❷❶にツナ、バター、塩をまぜて2等分し、俵型にする。
❸とき卵に小麦粉をまぜて衣をつくり、❷をくぐらせ、ごまをまぜたパン粉をまぶす。
❹170〜180℃の油でからりと揚げる。

野菜の甘酢和え

材料（つくりやすい分量）
野菜（ブロッコリー、カリフラワー、
きゅうり、カラーピーマンなど）… 250g
Ⓐ酢 … 25ml　塩 … 小さじ ½
　さとう … 20g　サラダ油 … 大さじ 1
　水 … 75ml

つくり方
❶ブロッコリーとカリフラワーは、1.5㎝大に切る。きゅうりは1.5㎝長さにし、6つ割り。カラーピーマンは5mm幅の1.5㎝長さに切る。すべて、さっと下ゆでする。
❷小鍋にⒶを合わせてひと煮立ちし、保存容器に移し、❶をつけこむ。
❸冷めてから冷蔵庫に保存する。
＊2〜3日で食べきるようにする。

ひじきのジョン

材料（1人分）
長ひじき（乾）… 3〜5 g（もどして約 20g）
赤ピーマン … 5g　小麦粉 … 小さじ 2
水 … 小さじ 2　サラダ油 … 少々
酢じょうゆ
　酢 … 小さじ ½　昆布だし … 小さじ ½
　しょうゆ … 小さじ ¼

つくり方
❶ひじきは水でもどし、2㎝長さに切る。赤ピーマンは2㎝長さのせん切りにし、さっと湯通しする。
❷ボウルに小麦粉と水をときのばし、❶をまぜる。
❸フライパンにサラダ油をひいてあたため、❷を2等分しておき、お好み焼きの要領で両面を焼く。
❹❸を器に盛り、合わせた酢じょうゆを小皿に入れて添える。酢じょうゆをつけながらいただく。

黒糖クッキー

材料（約20枚）
薄力粉 … 90 g　無塩バター … 50 g
粉末黒糖 … 30 g　卵黄 … 1個分

つくり方
❶ボウルにバターを入れて、泡立て器でクリーム状にする。
❷黒糖を入れてよくまぜ、卵黄も加えてなめらかになるまでまぜる。
❸ふるった薄力粉を加えてさっくりとまぜ、冷蔵庫で30分ほど休ませる。
❹天板にオーブンシートをしき、❸のたねを小さじ2杯ほどのボール状に丸めて並べる。それを指で押して5〜7mm厚さの円形にする。
❺170〜180℃のオーブンで12〜15分ほど焼く。

"お誕生日おめでとう!"のメニュー

1歳の

Birthday Menu 1

子どもたちに人気の
オムライスとコーンスープ。
デザートは、食べやすい
焼きっぱなしのバナナケーキを。

- オムライス
- コーンスープ
- 温野菜サラダ
- バナナケーキ

＊つくり方はP58

誕生から1年……。あっという間に感じますか？　長かったでしょうか。
1年の成長を家族でふり返りながら、はじめてのお誕生日をお祝いしましょう。
腕によりをかけて。

Birthday Menu 2

とりのから揚げは、お誕生日の定番。
この時期は、ささみを使って。
大きいまま揚げると、しっとり仕上がります。

- ごはん・ひじきのふりかけ
- 豆腐と三つ葉のおすまし
- ささみのカレー揚げ
- ほうれん草のごま酢和え
- オレンジゼリー

＊つくり方はP59

Recipe

オムライス

材料（大人 2 人＋子ども 1 人分）
軟飯（子ども用）… 90g　ごはん（おとな用）… 300g
とりひき肉 … 60g
玉ねぎ… 60g　ピーマン… 30g
サラダ油 … 小さじ⅔　塩 … 小さじ ½
トマトケチャップ … 大さじ 2
卵 … 2 ½個　＊子どもは 1 人分 ½個。1 人分ずつボウル
にといておく。

つくり方
❶玉ねぎ、ピーマンはみじん切りにする。
❷フライパンにサラダ油を熱し、❶ととり肉をよく炒め、
肉に火が通ったら塩とトマトケチャップを入れてよくまぜる。
❸軟飯に❷を⅓量加えて、全体を均一にまぜる。おと
なはごはんに❷の残りを加えて均一にまぜる。
❹フライパンにサラダ油少量（分量外）をぬり、といた
卵を流し入れる。中央に❸をおいて、卵で包んで形づくる。

コーンスープ

材料（大人 2 人＋子ども 1 人分）
クリームコーン缶 … 130g　玉ねぎ … 50g
バター … 15g　野菜スープ（P23参照）… 150㎖
牛乳 … 200㎖
水どき片栗粉
片栗粉 … 大さじ ½
水 … 大さじ 1½
塩 … 小さじ ½

つくり方
❶玉ねぎはみじん切りにする。
❷小鍋にバターと❶を入れ、しんなりするまで炒める。
スープを入れ、やわらかくなるまで煮る。
❸クリームコーン缶を加えて、ひと煮立ちさせる。
❹牛乳を入れ、塩で味をととのえ、水どき片栗粉でとろ
みをつける。
＊子ども 1 人分は 100 〜 120㎖。

温野菜サラダ

材料（大人 2 人＋子ども 1 人分）
かぼちゃ … 60g
ブロッコリー … 50g
かぶ（皮をむく）… 60g

つくり方
❶野菜はそれぞれ、子どものひと口大に切る。
❷ひたひたの水でやわらかくゆでる。
＊子ども 1 人分は、かぼちゃ1×2㎝角分、ブロッコリー小
房1個分、かぶ ¼個分。
＊おとなは好みのドレッシングをそえて。

バナナケーキ

材料（つくりやすい分量・直径 5㎝のベーキングカップ 8個分）
バナナ … 1本　薄力粉 … 100g
ベーキングパウダー … 小さじ 1
牛乳（または豆乳）… 70㎖
さとう（あれば三温糖）… 25g
塩 … 少々　サラダ油 … 20g

つくり方
❶薄力粉とベーキングパウダーを合わせてふるっておく。
❷バナナは 5 〜 7㎜厚さの輪切り。
❸ボウルに牛乳とさとう、塩、サラダ油を入れて泡立て
器でよくまぜる。
❹❸に❷を入れて粗くつぶしながらまぜ、❶を加えてゴ
ムべらでさっくりまぜる。型に流して、170℃のオーブン
で 15 〜 20 分焼く。
＊子ども 1 人分は 1個。

Recipe

ごはん・ひじきのふりかけ

材料
軟飯（子ども用）… 90g　ごはん（おとな用）… 適量
ひじきふりかけ（つくりやすい1単位）
┌ かつおぶし … 40g　長ひじき（乾）… 10g
│ 万能ねぎ … 20g　炒り白ごま … 20g
│ しょうゆ … 大さじ2　みりん … 大さじ2
└ さとう … 大さじ1　酒 … 小さじ1

ひじきふりかけのつくり方
❶ 万能ねぎは、小口切り。ひじきは水でもどし、水をきって5〜7mm長さに切る。
❷ フライパンに材料をすべて入れ、弱火で炒める（油はひかない）。万能ねぎに火が通り、かつおぶしがふんわりかるくなったらできあがり。
❸ 冷めたら容器に入れる。
＊冷蔵保存。3〜4日で食べきれない場合は、食べるときに再加熱するとよい。

ささみのカレー揚げ

材料（大人2人＋子ども1人分）
ささみ … 160g（4本）
Ⓐ［しょうが汁 … 小さじ1　酒 … 小さじ⅓　しょうゆ … 小さじ2］
とき卵 … ½個
Ⓑ［カレー粉 … 小さじ⅓　片栗粉 … 大さじ1　小麦粉 … 大さじ1］
揚げ油

つくり方
❶ ささみをⒶに20分ほどつける（長くつけすぎると、肉汁が出て身がしまってしまうので注意）。
❷ ❶にとき卵、Ⓑをまぜてからめる。
❸ 150〜160℃の油で3〜4分揚げ、一度とり出す。油の温度を170〜180℃に上げて肉を再び入れ、約30〜40秒カリッと色よく揚げ、油をきる。
❹ 子どもには½本分を、繊維が短くなるように斜め1cm幅にする。おとな用は適当な大きさに切る。

ほうれん草のごま酢和え

材料（大人2人＋子ども1人分）
ほうれん草 … 130g
ミニトマト … 3個
すりごま（白）… 大さじ1
さとう、酢、しょうゆ
… 各小さじ1

つくり方
❶ ほうれん草はやわらかくゆでて、1cm長さに切る。
❷ ミニトマトは皮をむき、¼に切る。
❸ ごまと調味料をまぜ合わせる。
❹ ❶を❸で和え、❷を加えてさっとまぜる。
＊子ども1人分はできあがり量の⅕。

豆腐と三つ葉のおすまし

材料（大人2人＋子ども1人分）
豆腐 … 80g　えのき茸 … 25g
三つ葉 … 15g　だし … 400ml
塩 … 小さじ¼
しょうゆ … 小さじ½

つくり方
❶ 豆腐は1cmのさいの目に切る。えのき茸は石づきをとり、1〜1.5cm長さに切る。三つ葉はさっとゆで、5mm〜1cmに切る。
❷ だしに、三つ葉以外の❶を入れて火を通し、塩、しょうゆで味をととのえる。
❸ 椀によそって、三つ葉をかざる。
＊子ども1人分は80〜100ml。

オレンジゼリー

材料（大人2人＋子ども1人分）
オレンジジュース（果汁100％）
… 400ml
さとう … 15g　粉寒天 … 3g

つくり方
❶ 小鍋にオレンジジュースとさとう、寒天を入れてよくまぜる。
❷ ❶を火にかけ、沸とうしたら中火で3分以上煮立たせて火を止める。
❸ 器に子ども用50〜70ml、残りをおとな用にわけて型に流し、冷やす。
＊ゼリーをつくる場合は、1歳ごろまでは動物性のゼラチンよりも植物性の寒天がおすすめ。

とりわけ離乳食

おとなの食事から食材をとりわけて、赤ちゃん用の1品を用意する"とりわけ離乳食"。
家族分を一緒につくれば、手間も一度ですみますし、食品の偏りが少なくなる効果もあります。

とりわけ離乳食のポイント
- 赤ちゃんが食べられる食材を選りわける（洗ったり、皮をむいたあとに）
- 味をつける前にとり出す
- 素材の大きさ、かたさを、歯の発達に合わせて変える（切る、つぶす）
- とろみをつける

材料とつくり方（おとな2人＋子ども1人分）

＊子どもの分量は期によって変わるので、できあがり量が、場合によっては多めにできるものもあります。

◎炊きこみごはん

材料
米…2カップ（340g、洗ってざるに上げておく）
水…酒大さじ2、しょうゆ大さじ1を合わせて470〜510㎖　さとう…小さじ1　もみのり…適量
〈具〉とりもも肉（9カ月までは皮なし）
　　　…100g（小さくそぎ切り）
　　　しょうゆ、酒…各小さじ1
　　　にんじん…50g（2㎝長さの細切り）
　　　油揚げ…1枚（油ぬきして縦半分に切って細切り）

つくり方
❶とりもも肉は、しょうゆ、酒をかけて下味をつける。
❷米に水と具、調味料を入れて炊く。
❸盛りつけて、もみのりをかける。

◎おすまし

材料
豆腐…⅓丁（さいの目に切る）　だし…400㎖
塩…小さじ¼　しょうゆ…小さじ½
水どき片栗粉［片栗粉…小さじ1　水…大さじ1］
ゆでてきざんだ小松菜…適量

つくり方
❶分量のだしを火にかけて調味し、水どき片栗粉でとろみをつける。
❷豆腐を加えて沸いたら火を止め、小松菜を加える。

ある献立から　各期へのとりわけヒントはP61

◎肉だんごと野菜の炊き合わせ
［豚ひき肉、じゃがいも、にんじん、玉ねぎ、さやいんげん、こんにゃく］

◎りんご

◎炊きこみごはん［とりと油揚げ］

◎おすまし［豆腐と小松菜］

◎肉だんごと野菜の炊き合わせ

材料
豚赤身ひき肉…150g
（水60㎖と片栗粉大さじ3、しょうゆ…小さじ1を加えて練る）
じゃがいも…250g　玉ねぎ…200g
にんじん、こんにゃく…各100g　さやいんげん…50g
結び昆布…3×7㎝を3枚
昆布だし（または水）…材料にかぶるくらい
さとう…大さじ1　しょうゆ…大さじ2

つくり方
❶じゃがいも、にんじんは乱切り、玉ねぎはくし切り、さやいんげんは半分に切る。こんにゃくはひと口大にちぎり、あくぬきする。
❷❶を鍋に入れ、だしをひたひたに注いで火にかける。10〜15分たったら調味料とだしを少し加え、再び沸いたら丸めた肉だんごと昆布を加えて、肉だんごに火が通ったらできあがり。

口唇食べ期のとりわけヒント
5〜6カ月ごろ

炊きこみごはん → 10倍がゆ…10倍がゆの水加減をした米だけを耐熱カップに入れておとなのごはんと一緒に炊く（P22参照）。味つけはしない。

おすまし → 豆腐のすり流し…昆布だしまたは野菜スープで、豆腐をすりのばす。

野菜の炊き合わせ→とろとろペースト…じゃがいも、にんじんを昆布だしで煮てマッシュ、煮汁でさらにのばす。

りんご → すりおろし

＊上記の中から1日1回、1種類を与える。

舌食べ期のとりわけヒント
7〜8カ月ごろ

炊きこみごはん → 炊きこみがゆ…全がゆに、細かくたたいたとり肉（皮なし）をまぜ、耐熱カップに入れ、おとなのごはんと一緒に炊く（P22参照）。

おすまし → とろみおすまし…豆腐を5mmのさいの目に切り、だしに入れ加熱する。片栗粉でとろみをつける。

野菜の炊き合わせ → やわらか煮…やわらかくゆでたじゃがいも、にんじん、玉ねぎをとり出して、3〜5mm角に切る。だしを多めに入れて火を通し、片栗粉でとろみをつける。

りんご → やわらか煮つぶし…煮てから粗つぶしに。

歯ぐき食べ期のとりわけヒント
9〜11カ月ごろ

炊きこみごはん → 炊きこみがゆ〜軟飯…全がゆにとり肉をまぜ、耐熱カップに入れておとなのごはんと一緒に炊く（P22参照）。

おすまし → とろみおすまし…豆腐は1cm角に切り、だし汁の中に入れて加熱する。ひと煮立ちしたら片栗粉でとろみをつける。きざんだ小松菜を加える。

肉だんごと野菜の炊き合わせ → 肉だんごと野菜のやわらか煮…じゃがいも、にんじん、玉ねぎ、さやいんげんはやわらかく煮る。豚ひき肉は、やわらかめの肉だんご（ひき肉の40％の水分と、20％の片栗粉をまぜる）にし、煮立てた煮汁の中にスプーンで落として加熱する。

りんご → やわらか煮…⅛〜⅙等分をやわらかく煮る。または、飲みこまない大きさの1切れ（薄切りは適当でない）の皮をむいて、生のままかじらせる。

手づかみ食べ期のとりわけヒント
12〜24カ月ごろ

炊きこみごはん…1.5〜2倍の水で炊くか、おとな用を少しやわらかめに炊く。下煮した具をとり出して少し小さめにきざみ、薄味に煮てからまぜてもよい。

おすまし → とろみおすまし…豆腐は1〜1.5cm角に切り、だしの中に入れて加熱する。ひと煮立ちしたところで片栗粉でとろみをつける。きざんだ小松菜を加える。

肉だんごと野菜の炊き合わせ → 肉だんごと野菜のやわらか煮…じゃがいも、にんじん、玉ねぎ、さやいんげんをやわらかく煮る。肉だんごは幼児のひと口大よりやや大きめに丸め、だしの中で加熱し、野菜と一緒に煮含める。

りんご…皮をむき、子どもが握りやすい大きさの、⅛等分の1切れを生で与える。

とりわけしやすいおかず7品

調理法別とりわけ方のヒント。ふだんのメニューから、とりわけしやすい料理を紹介します。

[汁もの]

豚汁

- 口唇食べ期：野菜を昆布だしでやわらかく煮、ペースト状にして与える。
- 舌食べ期：野菜を昆布だしでやわらかく煮、つぶして与える。
- 歯ぐき食べ期：豚赤身肉はひき肉ぐらいにきざむ。野菜は5mm以上の角切りにしてやわらかめに煮る。大人の味つけ直前にわけてごく少量のみそで調味。
- 手づかみ食べ期：おとなと同じ材料が食べられる。ごぼうなどの根菜はやわらかめに仕上げる。こんにゃくは、細切りなどにしてのどにつまらせないように注意する。

[煮もの]

肉じゃが

- 口唇食べ期：おとな用に切った野菜をとりわけて、水または昆布だしでやわらかくゆでてつぶし、ペースト状にする。ゆで汁は、片栗粉でとろみをつけてもよい。
- 舌食べ期：野菜を粗つぶしにする。
- 歯ぐき食べ期：野菜と豚、牛の赤身の肉（または、肉をやわらかめの豚ひき肉だんごに変える）をやわらかく煮て、小さめに切る。
- 手づかみ食べ期：おとなと同じ材料をやわらかめに煮る。煮つまると味つけが濃くなるので注意する。

[鍋もの]

おでん

- 口唇食べ期：おとな用に切った野菜をとりわけて、水または昆布だしでやわらかくゆでてつぶし、ペースト状にする。ゆで汁は、片栗粉でとろみをつけてもよい。
- 舌食べ期：野菜を粗つぶしにする。
- 歯ぐき食べ期：野菜をやわらかく煮て、小さめに切る。つみれだんごをつくる場合は白身魚を使う。
- 手づかみ食べ期：おとなと同じ材料をやわらかめに煮る。煮つまると味つけが濃くなるので注意する。練り製品（ちくわ、はんぺん、さつま揚げなど）は、塩分、糖分、添加物が多く含まれるので、使う場合は少量を。

味つけの目安

[口唇食べ期・5～6カ月ごろ]…味つけしない　　[歯ぐき食べ期・9～11カ月ごろ]…ごく薄味で

[舌食べ期・7～8カ月ごろ]…味つけしない　　[手づかみ食べ期・12～24カ月ごろ]…薄味で

[焼くもの]

ぎょうざ
- 口唇食べ期：はくさいやキャベツはきざんですりつぶし、スープに入れてやわらかく煮て与える。野菜のとろみ煮にしてもよい。
- 舌食べ期：野菜をみじん切りにしてスープで煮る。片栗粉でとろみをつけてもよい。
- 歯ぐき食べ期：ひだなしぎょうざにしてゆでてから、1cm角くらいにきざんでスープで煮て与える。
- 手づかみ食べ期：肉だね小さじ½〜⅔を皮½サイズで包む。ゆでたり、蒸し焼きに。手で持って食べさせてもよい。

マカロニグラタン（かぼちゃ・とり肉入り）
- 口唇食べ期：かぼちゃをやわらかく煮てペースト状に。スープ、育児用ミルクでゆるめてもよい。
- 舌食べ期：材料をやわらかく煮て、きざんでスープ、または育児用ミルクで煮る。
- 歯ぐき食べ期：できあがりから具をとり出し、小さめに切って与える。
- 手づかみ食べ期：おとなと同じものを。幼児でもマカロニは、やわらかめにゆでる。

[揚げもの]

ポテトコロッケ
- 口唇食べ期：マッシュポテトをあたため、育児用ミルクでのばす。
- 舌食べ期：マッシュポテト、炒め玉ねぎ少量をひと口大に丸めて焼いてもよい。くずしながら与える。
- 歯ぐき食べ期：揚げたあと中身だけをとり出して与える。
- 手づかみ食べ期：おとなと同じものをくずしながら与える。

[ごはんもの]

ごはんのほか、細いパスタ、マカロニなどは、成長に合わせたやわらかさにして添える。

カレーライス（ルー）
- 口唇食べ期：おとな用に切ったじゃがいも、にんじんをとりわけ、水または野菜スープでやわらかく煮てペースト状に。ゆで汁でゆるめてもよい。
- 舌食べ期：野菜のやわらか煮のほか、とり肉はこの時期から食べられる。細かくたたいても、やわらかめの肉だんごをスープ煮にしてもよい。
- 歯ぐき食べ期：とり、豚、牛肉の赤身（ひき肉）肉が食べられる。カレーのスパイスを入れる前のものをとり出してやわらかめのスープ煮にする。
- 手づかみ食べ期：カレー粉は、少量の牛乳を加えるとマイルドに。子ども用をとりわけたあと、おとな用にルーを加えて調味する。

2〜3歳ごろ 歯食べ期〈幼児食期〉

[歯と体の発達]

乳歯20本が生えそろいます

2歳ごろまでに上下の切歯が生えそろい、3歳ごろまでに第二乳臼歯（1番奥の歯）が生えて、乳歯が20本に。舌とほほ、あごを協調して動かし、そしゃく機能も向上します。
体は、足を交互に出して階段が上がれるようになり、片足で2〜3秒立てたり、手で直線を引いたり、円を描いたりできるようになります。

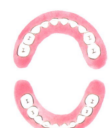

3歳ごろまでにすべての乳歯（20本）が生えそろう

[食べさせ方ポイント]

正しい姿勢で

足の裏が、床や椅子の補助板にぴったりつくように椅子に座り、姿勢を正して食べます。

口を閉じて奥歯でかむ

口を開けて、くちゃくちゃ音を立てて食べてはいませんか。口を閉じて、奥歯でしっかりかむことを促します。

歯食べ期のごはん

*つくり方P66

リングピーマン

ピーマンにひき肉を詰めてから、1cm厚さの輪切りにして蒸し焼きに。輪切りなので火が通りやすく、子どもも食べやすい。

薄切り肉のチーズとんかつ

薄切り肉を重ねてつくるので、幼児でもかみ切ることができます。

基本的には、ほとんどのものをかんで食べられるようになります。
スプーンやフォークも使えるように

お茶は食後に

食べものを流しこむくせにもつながるので、お茶は食後に出します。また、汁ものは、口の中に食べものがなくなってから飲む習慣を。

食具を使って食べる

- 1歳すぎには、スプーンやフォークに関心をもつ。上手に使えなくても持たせて、手づかみ食べと両方させる。ごはんは多すぎる量をすくって口に入れてしまいがち。丸のみしやすいので、ひと口の適量をとりこめるように、おとなが、スプーンに手をそえたり、片手でお皿を押さえる、スプーンにのせる量を示すなどするとよい。
- 2歳半ごろには上手に片手ですくって、食べられるようになる。
- 箸は、2歳をすぎて興味を持ち始めたら少しずつ持たせる。

**たら、じゃがいも、
ブロッコリーのグラタン**

ひとつの鍋でできる手軽なグラタン。

さわらのふわふわのり焼き

大和いもをまぜこんだ、ふわっとした口あたりのすり身ののり巻きです。

完全には食べられない

20本の歯が生えそろい、一見おとなと同じもの
が食べられますが、かみ切りにくいキャベツやレ
タスなどの葉もの類、繊維の強いきのこやかたま
り肉は、まだ難しい場合もあります。前歯でかみ
切れても、奥歯ですりつぶせずにためこみ、吐き
出したり丸のみしたりするときは、やわらかくす
る、細かく切ってとろみをたすなどします。ちょ
うどよいかたさで、前歯や奥歯を使う経験をくり
返しながら、肉や生野菜なども食べさせていきま
す。その子に合ったかたさの目安は、子ども自身
がスプーンで切れることです。

食べものの好き嫌い

好き嫌いはあってもかまいません。けれど、器や
盛りつけを変えるなど食べてみようと思わせる働
きかけは必要です。3歳ごろまでに、多くの食品
に慣れる経験もさせましょう。味を知るという意
味では、口に入れるだけでもよいのです。

この時期のトラブル

「食べものを、いつまでも口の中にためている」
との相談が多い時期。原因は大きく3つです。

1 食べ方に問題がある

前歯での、かじりとりの練習がうまくできていな

歯食べ期 つくり方

リングピーマン

材料（おとな2人＋子ども1人分）
ピーマン … 小6〜7個　豚ひき肉 … 180g
Ⓐ玉ねぎ … 30g　塩 … 小さじ¼
　パン粉 … 30g　卵 … ½個
片栗粉 … 適量　サラダ油 … 小さじ1　水 … 50ml
Ⓑ[中濃ソース … 大さじ1½　水 … 大さじ1]

つくり方
❶玉ねぎはみじん切り、ピーマンはへたをとり、丸のま
ま種をとり出す。
❷ボウルにひき肉、Ⓐを入れてよく練り、ピーマンにき
っちりつめる。1cm厚さの輪切りにし、茶こしで肉だね
の両面に片栗粉をふる。
❸フライパンにサラダ油をひいて火にかけ、❷の両面を
焼く。よい焼き色がついたら、水を入れてふたをして、弱
火で蒸し焼きに。火が通ったら盛りつける。
❹小鍋でⒷをひと煮立ちさせ、❸にかける。

薄切り肉のチーズとんかつ

材料（おとな2人＋子ども1人分）
豚もも薄切り肉 … 12枚（約240g）
スライスチーズ … 1½枚　小麦粉 … 大さじ2
とき卵 … 1個分　パン粉 … 適量　揚げ油 … 適量
Ⓐ[中濃ソース … 大さじ1½　水 … 大さじ1]

つくり方
❶薄切り肉を広げて2枚重ね、半分に切ってスライスチ
ーズをおき、小麦粉（分量外）を薄くふる。その上に肉を
2枚重ね、チーズがとけ出さないように重ねた肉の端を
おさえる。これを3組つくり、小麦粉、とき卵、パン粉
を順につける。
❷鍋に揚げ油を1cmほどの高さまで入れ、170〜180
℃に熱してからりと揚げる。
❸小鍋でⒶをひと煮立ちさせて、食べやすい大きさに切
った❷にかける。
＊子どもに油はねしないように注意して調理を。

いと、ひと口量がわからず、口の中につめこみすぎてしまいます。大きめの食べものを用意して、自分でかみとらせ、ひと口大を学習させましょう。

2 歯や舌に原因がある

虫歯がある、かみ合わせが悪い、乳臼歯が完全に生えていない、などが考えられます。これは、食べる速度が遅くて気づくこともあります。そのほか、舌小帯（舌の裏側のひも）が短い場合に、舌をうまく動かせないことがあります。いずれも、小児歯科医を受診してください。

3 生活に問題がある

間食が多い、ジュースや牛乳のとりすぎ、運動量が少なく空腹感がない、起床時間が遅く生活リズムが不規則なども原因に。このような場合には、食事に対する意欲がなく、遊び食べや偏食も多くみられます。生活リズムをととのえるために「早寝、早起き、4回食（3食＋おやつ）」の基本を大切に、1日のすごし方を見直しましょう。

この時期の子どもは好奇心が旺盛で、1人でしようとする気持ちが強くなるころです。散らかし食べなど、少々下手な食べ方も、年齢が進むにつれて減少します。あまり細かく干渉せずに、食べることの楽しさを伝えることが大切。余裕をもって見守ってください。

たら、じゃがいも、ブロッコリーのグラタン

材料（おとな2人＋子ども1人分）
生たら、じゃがいも…各200g　玉ねぎ…100g
ブロッコリー…50g　水…200ml　牛乳…250ml
小麦粉…20g　サラダ油…大さじ1　塩…小さじ½
こしょう…少々　パルメザンチーズ(粉)…適量

つくり方
❶たらは、皮と骨をとって、子どものひと口大に切る。じゃがいもは1㎝厚さの半月切り、玉ねぎは薄切り、ブロッコリーは小房にわけ、やわらかくゆでる。
❷小麦粉は、ダマにならないように牛乳でとく。
❸玉ねぎをサラダ油でしんなりと炒め、じゃがいもを入れてかるく炒め、水を加えてじゃがいもに火が通るまで煮る。たらを加え、ひとまぜしたら❷をそそぎ、とろみがつくまで煮る。塩、こしょうで調味し、ブロッコリーを入れてかるく煮る。
❹グラタン皿に❸を入れ、チーズをふる。200℃のオーブンで、焼き色がつくまで約20分焼く。

さわらのふわふわのり焼き

材料（おとな2人＋子ども1人分）
さわら…160g　大和いも…30g
Ⓐみりん…小さじ1½　しょうゆ…小さじ1
　片栗粉…小さじ1　しょうが汁…小さじ¼
焼きのり（全形のり）…1.5枚　サラダ油…小さじ1

つくり方
❶さわらの骨と皮をのぞき、包丁でたたく。
❷皮をむいてすりおろした大和いもと❶、Ⓐを入れてよくまぜる（フードプロセッサーを使ってもよい）。
❸のりを¼の正方形に切り、表面に⅙量の❷を平らにのばしてくるくると巻く。残り5枚も同様につくる。
❹フライパンに油を熱し、❸のつなぎ目を下にして焼き始め、ころがしながら中までしっかり火を通す。
❺食べやすい長さに切って器に盛る。
＊魚は、いわしやあじ、たら、生さけなどでも。

 *つくり方 P70

ショートパスタのポモドーロ

ポモドーロとはトマトソースのこと。やさしいベーシックな味なので、ラザニア、ミネストローネ、ピッツァなどに活用できます。

小松菜の中華風ごはん

ごはんと、具の大きさやかたさをなるべくそろえると、食べやすいまぜごはんになります。上手に食べられるようになったら具を大きくして。

けんちん汁

冬野菜がおいしくなったらつくってほしいおつゆ。根菜ひとつひとつを味わって。

きんぴらごぼう

歯ごたえのあるきんぴらも、切り方を変えたり煮る時間を長くすると、子ども向きに。ピーマンは下ゆですると苦みがやわらぎます。

ぎせい豆腐

乾物をおいしくたっぷり食べるレシピです。

野菜の揚げびたし

揚げると、なすは色よくとろりと、かぼちゃはこくが出ます。

コーンフレークスクッキー

かみごたえとサクサク感を楽しむクッキー。

豆腐レアチーズケーキ

オレンジマーマレードの香りのよいチーズケーキ。さとうのかわりに、ジャムで甘みをつけます。

歯食べ期 つくり方

ショートパスタのポモドーロ

材料（おとな2人＋子ども1人分）
ショートパスタ（ファルファッラ）…200g
＊2Lの湯＋塩大さじ1でゆでる　粉チーズ…適量
ポモドーロソース（つくりやすい量・約2回分）
　トマト水煮缶…1缶（400g）　玉ねぎ…50g
　にんにく…½片　にんじん…50g　セロリ…20g
　オリーブオイル…大さじ1　ベイリーフ…1枚
　塩、さとう…各小さじ½　こしょう…適量

つくり方
❶野菜はすべてざく切りにして、オリーブオイルで順に炒め、すき通ったらトマトの水煮を加える。
❷❶の鍋にベイリーフ、調味料を加え、あくをとりながら20〜30分煮る。
❸ベイリーフをのぞいてから、フードプロセッサーにかける。食べる直前にあたためた約半量のソースで、ゆでたパスタを和えて、粉チーズをかける。
＊残ったソースは冷蔵保存して、早めに使いきる。

小松菜の中華風ごはん

材料（おとな2人＋子ども1人分）
米…2カップ　水…480㎖（米の2割増し）
小松菜…100g　豚ひき肉…70g
干ししいたけ（水でもどす）…中2〜3枚
にんじん、たけのこ水煮…各30g　ごま油…小さじ1
Ⓐしょうが汁…小さじ¼　酒…小さじ1
　しょうゆ…大さじ1⅓　塩…小さじ⅓

つくり方
❶米は洗って水をきり、1時間浸水して炊く。
❷小松菜はやわらかめにゆでて、粗みじん切りにする。
❸しいたけ、にんじんも粗みじん切り、たけのこは5mm長さの薄切りにする。
❹ひき肉はごま油で炒めて火を通し、❸を加えてよく炒める。❷を加えてかるく炒め、Ⓐで調味する。
❺炊きあがったごはんに、❹を入れてふんわりとまぜ合わせる。

けんちん汁

材料（おとな2人＋子ども1人分）
だいこん…80g　にんじん…40g　里いも…80g
こんにゃく（あくぬき済み）…70g
長ねぎ…60g（小1本）　豆腐…100g（⅓丁）
ごま油…大さじ½　昆布だし（P23参照）…600㎖
しょうゆ…大さじ1　塩…小さじ¼

つくり方
❶だいこんとにんじんは、5mm厚さのいちょう切り、里いもは5mm厚さの半月切り、こんにゃくは縦3等分に切って5mm幅に、長ねぎも5mm幅の小口切りにする。豆腐は水きりする。
❷鍋にごま油を熱し、野菜とこんにゃくを炒める。
❸だしをそそぎ入れ、ふたをして、野菜がやわらかくなるまで弱〜中火でじっくり煮る。
❹豆腐をひと口大にくずしながら加え、煮立ったら調味料で味をととのえる。

きんぴらごぼう

材料（つくりやすい分量）
ごぼう…200g　にんじん…50g
ピーマン…30g（小1個）
Ⓐ水…90㎖　さとう…小さじ1
　しょうゆ…小さじ2　みりん…大さじ1
ごま…大さじ1　ごま油…小さじ1

つくり方
❶ごぼう、にんじんは皮をむいて3cm長さの斜め薄切りにし、細切りにする。
❷ピーマンは縦半分に切ってへたと種をのぞき、細切りにして、ゆでておく。
❸鍋にごま油を熱し、❶を炒める。Ⓐを加えてふたをし、やわらかくなるまで煮る。
❹汁けがなくなったら、❷とごまを入れてひと炒めする。

ぎせい豆腐

材料（おとな 2 人＋子ども 1 人分）
木綿豆腐…200g（約 ⅔ 丁）　とりひき肉…50g
卵…2 個　干ししいたけ（水でもどす）…中 1 枚
にんじん…30g　芽ひじき（乾・水でもどす）…大さじ 1
さやいんげん…少々　昆布だし（P23 参照）…大さじ 2
しょうゆ…大さじ 1　さとう…小さじ ⅔
サラダ油　適量

つくり方
❶豆腐は水きりする。しいたけ、にんじんは 2㎝長さの
せん切り、さやいんげんは塩ゆでして 2㎝長さの斜めせ
ん切りにする。卵はボウルにといておく。
❷しいたけとひき肉を油で炒め、にんじん、芽ひじきも
加えて炒める。だし汁と調味料でやわらかく煮る。
❸❷に豆腐をくずしながら加えてひと炒めし、卵を流し
入れ、ふたをして弱火で焼き、半熟になったら、さやい
んげんを加えて完全に火を通す。切りわけて盛りつける。

野菜の揚げびたし

材料（つくりやすい分量）
なす、にんじん…各 70g　かぼちゃ…100g
モロッコいんげん…15㎝長さ
赤・黄ピーマン…各 30g（各 1 個）　揚げ油…適量
Ⓐ昆布だし（P23 参照）…150ml
　しょうゆ…大さじ 1　さとう…小さじ 2

つくり方
❶Ⓐを合わせておく。なすはへたをとって縦半分に切り、
皮目にかのこに包丁を入れ、さらに縦横半分に切る。
かぼちゃは種をとり、まだらに皮をむいて 1.5㎝幅、長
さ 3㎝に切る。いんげんは 3㎝長さ、にんじんは 3㎝長
さの薄い短冊切りにする。カラーピーマンは半分に切っ
てへたと種をとり、ひと口大に切る。
❷180℃の油で、水けをふいた野菜を素揚げし、熱い
うちにⒶにつける。粗熱がとれたら冷蔵庫で冷やす。
＊子どもの量は、P69 の写真を参考に盛りつける。

コーンフレークスクッキー

材料（15 個分）
薄力粉…50g　ベーキングパウダー…小さじ ¼
コーンフレークス（プレーン）…40g　卵…½ 個
さとう…25g　サラダ油…25g

つくり方
❶ボウルに卵とさとう、サラダ油を入れて泡立て器でま
ぜる。
❷粉とベーキングパウダーをふるって❶に入れ、まぜ合
わせる。
❸❷にコーンフレークスを入れて合わせる。
❹オーブンシートをしいた天板に、❸をスプーンで大さ
じ 1 杯ずつすくって落とし、直径 3 ～ 4㎝、厚さ 1㎝く
らいの円形にする。
❺180℃にあたためたオーブンで 15 ～ 18 分焼く。

豆腐レアチーズケーキ

材料（パウンド型 16×7×6㎝ 1 本分）
絹ごし豆腐…150g　クリームチーズ（室温におく）…100g
オレンジマーマレード…70g（内 30g は飾り用）　レモ
ンのしぼり汁…大さじ ½
粉ゼラチン（ふり入れタイプ）…大さじ ½
湯（50 ～ 60℃）…50ml　カステラ（市販）…1 切れ（50g）

つくり方
❶湯に粉ゼラチンをふり入れ、よくまぜてとかす。豆腐
は 2 つに切ってゆで、冷ましておく。
❷❶とクリームチーズ、マーマレード、レモン汁をフー
ドプロセッサーにかける。
❸カステラは厚さを 3 枚に切り、ラップをしいた型底に
並べる。❷を流し入れ、冷蔵庫で 3 時間ほど冷やす。
❹ラップごととり出し、好みの大きさに切り、マーマレ
ードをのせる。
＊子どもは ⅛ 量を。＊翌日までに食べるか冷凍保存を。

手早くできる幼児とおとなの献立
―タイムテーブルとコツ―

Menu 1

基本の一汁三菜

- ごはん
- 具だくさん野菜のみそ汁
- さけの塩焼き
- じゃがいものしょうゆバター煮
- かぶの甘酢漬け

30分でつくるためのタイムテーブル

子育て中は、1日が忙しくすぎていきます。夕方になって晩ごはんを考えていては、子どもはグズグズに。
買いものはできるときにしておきましょう。食材さえあれば、段どりと工夫で手早くととのえられます。
短時間で料理を一気につくるコツは、調理法の異なる献立にして、鍋などの調理器具が重ならないようにすること。
調理の前に、なにをできたてで出すのかを逆算して段どりを決めます。

材料&つくり方　＊分量はすべておとな2人+子ども1人分

具だくさん野菜のみそ汁　最初ににんじんを切って火にかけ、その間にほかの野菜を切ります。

材料
キャベツ…60g　にんじん…20g
もやし…20g　玉ねぎ…12g
厚揚げ…100g　だし…480㎖
みそ…20g

つくり方
❶にんじんは薄いいちょう切りにし、鍋にだしと一緒に入れて火にかける。キャベツは2㎝長さの短冊切り、玉ねぎは薄切り、もやしは長さを半分にする。厚揚げはキッチンペーパで包んで油分をとり、厚さ5㎜のひと口大の色紙切りにする。
❷にんじんがやわらかくなったら残りの具を加えて火を通し、みそをとく。

さけの塩焼き　焼きすぎるとかたくなるので注意して。

材料
甘塩さけ（または生さけ）…200g

つくり方
❶甘塩さけはグリルで焼く。生さけの場合は、かるく塩をふり、グリルで焼く。

じゃがいものしょうゆバター煮　じゃがいもは最初に切って火にかけます。

材料
じゃがいも…150g
水またはだし…200㎖
しょうゆ…小さじ1
さとう…大さじ½　バター…大さじ½

つくり方
❶じゃがいもは皮をむき、子どものひと口大に切る。
❷鍋にじゃがいもと水を入れて火にかけ、やわらかくなるまで弱火で煮る。
❸水けが多く残っていれば少しだけ残して捨て、しょうゆ、さとう、バターを入れてひと煮し、味をなじませる。

かぶの甘酢漬け　漬けるときにポリ袋を使うと、少ない調味料でも早く漬かります。

材料
かぶ（実と葉を合わせて）…100g
きゅうり…50g（½本）
甘酢
　酢、さとう…各大さじ½
　塩…小さじ¼弱

つくり方
❶かぶときゅうりは3〜4㎜厚さの薄切りにし、かぶの葉は2㎝長さに切り、すべてポリ袋に入れる。塩（分量外）をかるくふり、袋ごともんで5分ほどおき、しんなりさせたら、水けはしぼって捨てる。
❷❶に甘酢を入れ、かるくもむ。

Menu 2
野菜たっぷりでも手早く

- ごはん
- にらと玉ねぎのかき玉スープ
- 麻婆豆腐
- ほうれん草とにんじんのナムル
- さつまいものオレンジ煮

30分でつくるためのタイムテーブル

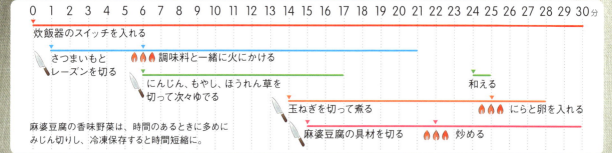

麻婆豆腐の香味野菜は、時間のあるときに多めにみじん切りし、冷凍保存すると時間短縮に。

材料&つくり方　＊分量はすべておとな2人＋子ども1人分

にらと玉ねぎのかき玉スープ　スープの仕上げは、この献立の一番最後に。

材料

にら…20g　玉ねぎ…50g（¼個）
卵…小1個　だし（または野菜スープ）…400ml
塩…小さじ¼強　しょうゆ…小さじ½
水どき片栗粉［片栗粉…大さじ½　水…大さじ1］

つくり方

❶玉ねぎは1cm長さの薄切り。にらは5mm～1cm長さに切っておく。
❷鍋にだしと玉ねぎを入れて火にかけ、やわらかくなったら塩、しょうゆで味つけをする。にらを入れて水どき片栗粉でとろみをつける。
❸❷に、割りほぐした卵を少しずつ流し入れて、菜箸でかきまぜる。

麻婆豆腐

材料（つくりやすい1単位）

長ねぎ…80g（½本）　なす…150g（2本）
豚ひき肉…70g　豆腐…250g　ごま油…小さじ1
にんにく、しょうが（各みじん切り）…各1かけ分
合わせ調味料［水…100ml　さとう…小さじ1
しょうゆ…大さじ1　みそ…10g］
水どき片栗粉［片栗粉…大さじ1½　水…大さじ3］

つくり方

❶長ねぎはみじん切り。なすは皮をむいて1cm角に切り、ボウルに入れて塩（分量外）をかるくふる。さっともんであくをとり、塩分を洗い流して水けをしぼる。
❷豆腐は、子どものひと口大のさいの目切りにする。
❸フライパンにごま油を入れ、中火でにんにくとしょうがを炒め、香りが立ったら火を強めて、豚ひき肉と❶を炒める。
❹肉に火が通ったら❷を入れ、合わせ調味料を流し入れて炒める。
❺煮立ったら、水溶き片栗粉でとろみをつける。

ほうれん草とにんじんのナムル

材料

ほうれん草…100g　にんじん…20g
もやし…30g
さとう、しょうゆ、ごま油…各小さじ1
塩…ひとつまみ　すりごま（白）…大さじ1

つくり方

❶にんじんは3cm長さのせん切り、もやしは長さを半分にする。ほうれん草は1.5cm長さに切る。
❷鍋に水とにんじんを入れて火にかけ、ある程度やわらかくなったところに、もやし、ほうれん草を入れて一緒にゆでる。冷水にとり、ざるにあげて水けをきる。
❸食べる直前に、ボウルにすべてを入れて和える。

さつまいものオレンジ煮　初めから調味料を一緒に入れて煮ます。

材料

さつまいも…150g（1本）
オレンジジュース（果汁100%）…100ml
レーズン…大さじ2　さとう…大さじ1

つくり方

❶さつまいもは皮をむき、5mm厚さのいちょう切りにし、水にさらして水けをきる。レーズンは湯に通して、粗くきざむ。
❷鍋にすべての材料を入れてふたをし、弱火でさつまいもがやわらかくなるまで煮る。
＊やや汁が残るようにつくると、子どもは食べやすい。

幼児期の「おやつ」は、甘いものだけでなく

♣ おやつも1回の食事と考えて

幼児期は、乳児期についで成長の著しいときです。身体の大きさのわりに、エネルギーと栄養素の必要量が多く、消化吸収能力が未発達、1日3回の食事では必要量をとりきれません。そこで、「おやつ」も1回の食事と考えて4回食（朝食7時、昼食11時、おやつは14時半、夕食18時）にします。食事の間隔が3〜4時間というのが消化時間に合い、子どもの生活リズムにも合っているといわれます。また、おやつの量は、夕食に影響しないように、他の3食よりかるめにします。

♣ 楽しみと栄養補給と

おやつを3回の食事の補食と考えると、エネルギーやビタミン、ミネラルも補えるものが理想的。けれど、栄養補給だけが目的ではありません。楽しみであり、くつろげる時間となることも大切です。1週間の中で、うどんやお好み焼きなどの軽食の日と、手づくりのクッキーやゼリー、市販のおやつの日を組み合わせると、目先も内容も変わり、豊かな気持ちになります。市販のおやつの場合は、くだものや牛乳を合わせるようにします。

♣ 糖分をとりすぎると味覚が鈍感に

甘いものは心の栄養ですが、さとうは1日5g程度まで。たとえば、あめ玉1つに4〜5g、炭酸飲料や清涼飲料水などは、100mlに10〜15g程度のさとうが含まれているのを目安に、お菓子や飲みものの量を考えましょう。

甘みは、活動するのに必要なエネルギー源に変わるため、子どもが本能的においしいと感じる味。一方で、乳幼児期に甘みに慣れた食事を続けると、塩味や酸味、苦み、うま味など、他の味覚を獲得しにくくなり、味覚が鈍感になってしまいます。その意味からも、味覚形成期の幼児期には、過剰摂取や、強い甘みに慣れさせないことが大切なのです。

♣ 甘いものばかりほしがるときは…

甘いものをだらだらと食べ続けると虫歯になるほか、食べただけのエネルギーを使わないと、肥満や食欲不振にもつながります。

1　甘いお菓子を制限するより、3回の食事をしっかり食べさせる

2　食事の2時間くらい前からは食べないようにし、空腹で食卓につくようにする

3　日中、しっかりと身体を動かし、規則正しい生活を心がける

これらを実行すると、しぜんに間食や甘いものの量は減っていくはずです。子どもにとって、よい生活習慣や食習慣は一生の宝です。

＊手づくりおやつのレシピはP39、P47、P55、P58、P59、P71に掲載しています。

食べ方のトラブル
&
歯のケア

きちんとかめなかったらどうすればいい？
虫歯にならないためのケアは？
悩みに対する専門家からのアドバイスです。

どうしますか？「好き嫌い」

「おいしい」体験の積み重ねを

　たとえば、離乳の完了にさしかかる1歳ごろでは、かたい肉類や、生野菜のような薄っぺらいものは、かんだりつぶしたりできません。嫌いというより、食べることができない場合もあります。成長に合った調理法や形状であるかを、確認しましょう。

　また、食事介助を嫌がったり、嫌いなものをよけたり、口を開けなかったりすることがあります。これは、「自分で食べたい」気持ちが育った証拠。喜ばしいことです。

「食べない」理由を知る

　子ども（小中学生）の嫌いな食品トップ10を挙げてみると、多い順にゴーヤ、なす、レバー、セロリ、グリンピース…と続きます（表①参照）。理由を聞いてみると、「かみにくい」「食べにくい」「味やにおい」「食感が嫌」「形や色、見た目が嫌い」などが挙がります。

　無理やり食べさせても、嫌いな気持ちが増すだけです。味つけや調理を変えるなどして、おいしく食べられるように工夫することが大切です。

表①

順位	嫌いな食べもの
1	ゴーヤ
2	なす
3	レバー、ホルモン
4	セロリ
5	グリンピース
6	ピーマン
7	トマト
8	アスパラガス
9	肉の脂身
10	しいたけ

出典：日本スポーツ振興センター
「2010年度児童生徒の食生活実態調査」より

表②

ビタミンA（カロテン）	ほうれん草、トマト、にら、かぼちゃ、にんじん、パセリ、チンゲン菜、わかめ
ビタミンC	小松菜、カリフラワー、キャベツ、ブロッコリー、ピーマン、いちご
鉄	ほうれん草、切り干し大根、ひじき、きな粉、卵、ごま
カルシウム	牛乳、チーズ、木綿豆腐、小魚、小松菜、ひじき

どうして「好き嫌い」があるのでしょう。
子どもの側からも考えてみましょう。

また、同じ栄養素を別の食品でとることも考えましょう。食べないものは無理じいせず、別の食べられるものから栄養素をとれば、偏らずにすみます（表②参照）。

「おいしい」体験の積み重ねを

おいしく食べる一番の条件は、空腹であること。「食べる、遊ぶ、寝る」が適切なリズムでくり返されると、しぜんに食欲が出てきます。

もう一つ、その子が大好きなおとなと一緒に食べることも大切です。たとえば、子どもに多い野菜嫌いは、野菜の苦み成分が、人間にとっての毒の存在を感知する味なので、拒否したくなるのは自然なこと。それでも食べられるようになるのは、おとながおいしそうに食べている姿をそばで見ていることや、大好きな人に食べたことをほめられた、という心地よい体験の積み重ねによるものなのです。逆にいえば、一緒に食べるおとなの言動や表情で、嫌いになる原因をつくることにもなるということです。

乳幼児期から学童期にかけては、一生で一番「経験の蓄積による発達」が著しい時期です。あたたかい雰囲気の食卓、おとながおいしそうに食べている姿はもちろん、買いものや調理、栽培などの楽しい経験からも、好きなものは増えていきます。

親子で、味覚を育てていく

手づくりの料理は、材料は同じでも、そのつど微妙に味が変わるものです。その微妙な差が、脳への刺激になります。微妙に異なる味の経験、一緒に食べる人との心地よい関係などの積み重ねが、食べられる食品や料理を増やし、豊かな食事となります。

おいしく食べられるようになるのは、生まれつき備わっていることではなく、条件がととのい、ていねいに導かれて、はじめて形として現れてくる発達現象です。

極端な好き嫌いでない限り、子ども時代に栄養的な問題が起こることは、今の日本ではごく稀です。元気に普通に発育していればまったく心配ありません。なんでも食べられるのがよい子で、食べられないのは困った子、と見るのではなく、まだまだ発展途上にある彼らを見守り、導くことを私たちおとながしていきましょう。

「かめない」「食べない」ときは、どうしたらいいですか？

一段階前に戻る

　それぞれの時期に合った食べさせ方をしているのに、食べにくいようすが見られたら、一段階前にもどってやり直してみましょう。そこで、かんだり飲みこんだりがきちんとできるようになったら、進めます。

　また、次の期に移行するときは、1品ずつ。たとえば、おかゆは先のかたさのもの、おかずは今のやわらかさのままなど、組み合わせながら1品ずつ先に進めましょう。

口唇食べ期（5～6カ月）のころ
…ゆっくりあせらず

　この時期は、食べること、味わうことに慣れるのが目的なので、あせらないことです。お母さんも、口をアーンと開けて、ゴックンとして見せながら、一歩ずつ進みましょう。

舌食べ期（7～8カ月）のころ
…小さく切りすぎていませんか？

　すべてをトロトロにしたり、みじん切りにしていませんか。この時期の子どもの発達に合わせて、お母さんもつくったものを口に入れ、歯を使わずに舌で上あごに押しつけてみましょう。ある程度の大きさや厚さがある方が、つぶしやすいことがわかります。食べやすいようにとすべて小さくすると、つぶす感覚がわかりにくく、丸のみの原因に。

　食欲のある子は次々とほしがりますが、口の中のものがなくなってから次を与えること。また、ひと口量が多すぎると（スプーンに山盛り1杯）、丸のみになりやすく、スプーンを口の奥まで入れると、むせたり丸のみの原因になるので、気をつけます。

歯ぐき食べ期（9～11カ月）のころ
…ひと口量を知る時期

　熟れたバナナや厚焼き卵くらいのかたさを意識することと、前歯でかみ切ることをさせる時期です。たとえば、適切なかたさに煮た野菜をおとなが持って、かみとらせる練習を何度かするうちに、ちょうどよいひと口の量がわかるはずです。自分の適量でないと、食べもののかたさや大きさを感じにくく、歯ぐきでかまずに、丸ごと飲みこんでしまう原因

「かまずに丸のみしてしまう」「食べてくれない」は、この時期の一番大きな悩みです。
どのように対応したらよいのでしょう。

になります。

手づかみ食べ期（12〜24カ月）のころ
…奥歯のかむ力に合わせる

　子どもがかめるかたさは、子ども自身がスプーンで無理なく切れる状態といわれています。奥歯が生えていない時期は、歯ぐき食べ期と同じような形状にし、前歯でかみ切るようにさせます。奥歯が生えてきても、最初に生える第1乳臼歯は、かむ面が小さいので、つぶす程度に。かむ力に応じて、だんだんに奥歯を使う献立にします。

　このころ、スプーンも使うようになりますが、歯も身体機能もまだ未発達で上手に食べられません。手づかみとスプーンで、こぼしながらも自分で食べるのは、自立していく第一歩です。おとなの介助は必要ですが、食べものを口に持っていくまでにして、パクッとするのは子どもに任せましょう。

歯食べ期（2〜3歳）のころ
…食べる意欲を妨げていませんか？

　3歳は、口の機能をより発達させる時期に

なります。かたいものややわらかいもの、大きいものや小さいものをとりまぜて与え、十分に口の機能を発達させることが大切です。

　おおよそ離乳が進んでいれば、食べないのは、子どもなりの理由があるので、どうしたいのか、何が嫌なのか子どもに聞いてみても。おとなには理解しがたい場合もありますが、尊重し、食べる気持ちになるようにうながすことも必要です。おしゃべりに夢中というのもあるでしょう。

　また、この時期に限らずですが、子どもの食べたい、食べようと思う気持ちはとても大切です。間食の量や回数が多ければ、空腹で食卓につくのは難しくなります。おとなの都合で早く食べてほしいと、食事を口に運んでしまったり、テレビ相手に1人で食べてはいませんか。家族と共に食べることで、食事の楽しさやマナー、かむことや箸使いにも興味を持つでしょう。家族団欒の中で、育てられることはたくさんあります。一緒に食べる中で得る幸福感や満足感は、単に食の自立や機能面の発達だけでなく、自分を受け入れてもらえているという安心感につながります。

3歳ですが、きちんとかめずに丸のみしています。どうしたらいいでしょう。

家族で食卓を囲むこと

　離乳食を進めている途中であれば、前のステップにもどって…といえるのですが、乳歯が20本生えそろってからですと、別の方法で改善していく必要があります。

　まず一番心がけたいのは、家族みんなで楽しく食卓を囲んで、いろいろなものを食べる習慣をつけること。孤食の子どもに丸のみや、よくかんで食べない場合が多いというデータが出ています。

姿勢のよさとかむ力は比例する

　次に、食事中の姿勢があります。あまり関係ないことのように思われるかもしれませんが、背筋をのばし、足の裏を床か台につけて（足をぶらぶらさせず、上半身を安定させるため）座ります。姿勢をよくして食べることで、口を閉じて、奥歯で左右均等にかむことができます。正しい姿勢があってこそ、健全なそしゃく運動が育まれますから、テレビをつけたまま横を向いて食べたり、片肘をついたりしないように気をつけましょう。

かみごたえのある食材を

　口に食べものが入っているときに、スープやお茶などの汁もので流しこんでいないか、唇を閉じてかんでいるかを見ます。

　また、あまりかまずに食べられるような、やわらかい食事が多くありませんか？　乳歯がすべて生えそろい、奥歯でしっかりかめるのなら、かむ力を強くするために、かみごたえのある食べものをとり入れましょう。たとえば、豆腐のみそ汁にほうれん草を入れたり、油揚げを加えるなど、繊維のある食材や、かみしめて味が出るものを1品加えるだけで、無意識にかむ回数が増えます。これは、歯に

どうしよう…もう間に合わないのでは？　と心配することはありません。
3歳でも、小学生になってからでも、気づいたときが直しどき。早めの対応を。
よい習慣を早い段階で身につけましょう。

かかる圧力を歯根膜繊維（歯根部分にあるセンサー）が感知して、かたさの情報を脳に送るためです。それにより、筋力が大きくなります。繊維質の多い葉もの類や根菜類、弾力のあるきのこ類などは、あごの成長発育をうながすので、適度に使うとよいでしょう。

　さらに、食材を少し大きめに切ったり、複数の食材を使って炒めたり、煮たりするのも効果的です。そのとき、少し歯ごたえを残して調理するのがポイント。また、おやつにクッキーなど、歯につくものを食べたあとに、りんごや野菜スティックのような繊維質の多いものをかじりとらせると、よくかむことになるだけでなく、繊維による奥歯の清掃も兼ねられるよさもあります。

生活の中で、口を動かす習慣を

　日ごろから、口を使う遊びをとり入れていくのも効果があります。特別なことではありません。会話をするとき、お母さん自身がはっきりと大きく口を動かし、表情豊かに話す顔を見せてください。にらめっこや、シャボン玉、風船を膨らまして遊ぶのもいいでしょう。ストローを使ってブクブクとコップの中で水を泡立たせたり、少し吸ってためてからピューッと飛ばしたり、口や舌を使った遊びをたくさんします。

　いずれにしても、その子と楽しく接する時間の中に、改善の方法はたくさんあるといえます。

音楽に合わせて楽しく遊びながら、口を大きく開けたり、お母さんの指でほっぺをつついたり。口の中に指を入れることで、歯みがきを嫌がらなくなるよさも。

正しい歯みがきで、虫歯知らず

大切な歯を健康な虫歯ゼロの状態に保つためには、「食べたらみがく」習慣をつけることです。
口の中をきれいにすることは気持ちよい、という体験を積み重ねていきましょう。
それが、自分の体を大切にすることの第一歩でもあります。

［ 上の前歯が生え始めたら（10カ月から1歳ごろ）］ → ガーゼで拭く

上の前歯は、口の中でももっとも敏感なところです。赤ちゃんも、口の中をいきなりいじられるのは、嫌なものです。最初はほっぺ、唇、鼻と触って、その延長で指を口の中に入れたり、ガーゼを指に巻きつけて前歯をぬぐう、というように少しずつ慣らしましょう。この時期は、食べものや飲みものをだらだら食べなければ、一般に虫歯にはなりません。まず規則正しい生活を心がけましょう。

おっぱいやミルクを飲みながら寝てしまう習慣がある子どもは、眠ってから上の前歯だけでも、ぬれたガーゼではさんでぬぐってください (1)。

歯の表と裏をはさむようにして
ガーゼで拭う

［ 上の前歯が4本生えそろったら（1歳ごろ）］ → 寝かせみがきでブラッシング

上の前歯が4本生えそろったら、歯ブラシを使っての歯みがきを習慣づけていきましょう。おとなの真似をしたがる時期ですから、食事のあとに、お父さんやお母さんの歯みがきを見せると、歯ブラシを使うことにも抵抗なく移行できるかもしれません。

歯と歯ブラシがよく見える「寝かせみがき (2)」が基本です。小さいころからスキンシップの延長として、ラッコ遊び (3) やギッコンバッタンなどの動き (4) をしていると、寝かせみがきを嫌がらないでし

子どもの頭を
お母さんのひざにのせて、
寝かせみがき

84

歯の手入れ

よう。

　虫歯になりやすい上の前歯からみがき始めます。唇やほほの内側、歯ぐき、特に上唇小帯（上唇のひだ）に歯ブラシがあたらないように、人差し指でよけながらみがきましょう (5)。口を途中で閉じてしまう子は、一番奥の歯が生えていなければそこに人差し指を入れ、閉じないようにロックするとみがきやすいでしょう (6)。

　歯ブラシの毛先を、みがく歯の面に直角にあて、シャカシャカとかるい音がするくらいの力で、横に数ミリの幅で動かします。

　どうしても寝ころぶのを嫌がり、寝かせみがきができない子もいます。その場合は、立てひざみがきをしてみるのも一法です (7)。

3

お母さんのおなかの上で、一緒にラッコ遊び

4

手をつないで、交互に仰向けになったり起き上がったり「ギッコンバッタン」

5

あいている方の指で、口の中のやわらかい部分をガードして、歯に歯ブラシをあてる

6

一番奥の歯ぐきに人さし指を置くと、かまれても、歯ぐきなので痛くない

7

子どもに立てひざをさせ、頭がお母さんのひざにくるようにする

[乳歯が16本以上生えたら
（2〜3歳ごろ）] → 自分でみがき、おとなが仕上げ

　今までみがかせていた子どもが、急に歯みがきを嫌がるようになったという話を、よく聞く時期です。なんでも自分でやりたいと思う時期で、その意欲を育てることも大切です。まず、座らせて、子ども自身に歯ブラシを持たせます。楽しくみがかせたら、できたことをほめましょう (8)。そして「きれいになったのを、お母さんに見せて。あ、ここにバイキンが残ってるよ〜。退治してあげるね」などと話しながら、ポイントをおさえて手早く仕上げみがきをします。

　この時期に虫歯になりやすいのは、一番奥の歯のかむ部分（溝）と、上の前歯です。また、歯の間に隙間のない子は、上の前歯の間だけはフロスを使うことをおすすめします。使い方は、ゆっくりのこぎりを引くようにして歯間に入れて、左右の歯にフロスを押しつけるようにして、汚れをからめとります。細かな動作は、小児歯科で個別に指導を受けてください。この時期までに、かかりつけの小児歯科専門の医院を決めておくことをおすすめします。

8

話をしたり、歌を歌ったり、楽しい雰囲気で歯みがきを

歯ブラシはどのようなものがよいのでしょう

小児歯科医おすすめ！
子ども用歯ブラシ＆仕上げみがき用歯ブラシ

●子ども用は、乳歯の形や歯列に合っていると、書かれているものが、よいでしょう。ヘッドが小さめで、奥までみがけるタイプのものを選びます。本人が好きな色やキャラクターなど、歯みがきが楽しくできる要素も大切です。
●乳歯が16本以上生えたら使う仕上げみがき用は、おとなが持ちやすいように柄が長めのものを選びましょう。
●毛先が広がったら、まめにとりかえます。

子ども用／仕上げみがき用

歯の手入れ

ょう。

　虫歯になりやすい上の前歯からみがき始めます。唇やほほの内側、歯ぐき、特に上唇小帯（上唇のひだ）に歯ブラシがあたらないように、人差し指でよけながらみがきましょう (5)。口を途中で閉じてしまう子は、一番奥の歯が生えていなければそこに人差し指を入れ、閉じないようにロックするとみがきやすいでしょう (6)。

　歯ブラシの毛先を、みがく歯の面に直角にあて、シャカシャカとかるい音がするくらいの力で、横に数ミリの幅で動かします。

　どうしても寝ころぶのを嫌がり、寝かせみがきができない子もいます。その場合は、立てひざみがきをしてみるのも一法です (7)。

3

お母さんのおなかの上で、一緒にラッコ遊び

4

手をつないで、交互に仰向けになったり起き上がったり「ギッコンバッタン」

5

あいている方の指で、口の中のやわらかい部分をガードして、歯に歯ブラシをあてる

6

一番奥の歯ぐきに人さし指を置くと、かまれても、歯ぐきなので痛くない

7

子どもに立てひざをさせ、頭がお母さんのひざにくるようにする

[乳歯が16本以上生えたら
（2〜3歳ごろ）] → 自分でみがき、おとなが仕上げ

今までみがかせていた子どもが、急に歯みがきを嫌がるようになったという話を、よく聞く時期です。なんでも自分でやりたいと思う時期で、その意欲を育てることも大切です。まず、座らせて、子ども自身に歯ブラシを持たせます。楽しくみがかせたら、できたことをほめましょう（8）。そして「きれいになったのを、お母さんに見せて。あ、ここにバイキンが残ってるよ〜。退治してあげるね」などと話しながら、ポイントをおさえて手早く仕上げみがきをします。

この時期に虫歯になりやすいのは、一番奥の歯のかむ部分（溝）と、上の前歯です。また、歯の間に隙間のない子は、上の前歯の間だけはフロスを使うことをおすすめします。使い方は、ゆっくりのこぎりを引くようにして歯間に入れて、左右の歯にフロスを押しつけるようにして、汚れをからめとります。細かな動作は、小児歯科で個別に指導を受けてください。この時期までに、かかりつけの小児歯科専門の医院を決めておくことをおすすめします。

8

話をしたり、歌を歌ったり、楽しい雰囲気で歯みがきを

歯ブラシはどのようなものがよいのでしょう

小児歯科医おすすめ！
子ども用歯ブラシ＆仕上げみがき用歯ブラシ

●子ども用は、乳歯の形や歯列に合っていると、書かれているものが、よいでしょう。ヘッドが小さめで、奥までみがけるタイプのものを選びます。本人が好きな色やキャラクターなど、歯みがきが楽しくできる要素も大切です。
●乳歯が16本以上生えたら使う仕上げみがき用は、おとなが持ちやすいように柄が長めのものを選びましょう。
●毛先が広がったら、まめにとりかえます。

子ども用　仕上げみがき用

86

虫歯予防のキソ知識

虫歯は、いくつかの条件が重なってできるものです。
予防のためには、歯の手入れだけでなく、生活習慣そのものをよくしていきましょう。

1 よくかんで食べて、唾液を出す

唾液には、清掃効果があります。

2 食後には歯みがきを

ミュータンス菌（虫歯菌）は歯垢に付着し、歯をとかす酸を産生します。歯をみがいて、歯垢が残らない状態にしておくことが大切です。

3 だらだら食べはしない（間食を多くとらない）

口の中に食べものがあると酸性に傾き、虫歯ができやすい環境に。決めた時間に食事することを守りましょう。

4 甘いおやつは要注意

糖分の多いおやつは、虫歯を引き起こしやすいもの。特に、粘着性のあるキャラメルや、歯につきやすいアイスクリームやクッキー、チョコレートなどは、糖分が残りやすいので、歯みがきやうがいなどをしてケアします。

　生まれてから3歳ごろまでは、家族の口の状態が子どもに大きく影響します。家族がミュータンス菌（虫歯菌）を一定の数以上に保有していると、子どもへの感染率は菌数の少ない親と比較して、9倍以上になるといわれます。さらに、3歳までに虫歯菌に感染し、一定以上の数まで菌が増えると、その後の虫歯の発症率は、明らかに高くなることもわかっています。

　虫歯菌は、歯が口の中に生えた瞬間から常在します。まったくなくすことはできませんが、3歳くらいまでは、できるだけ家族みんなで虫歯菌を減らすようにしましょう。

　歯をとかす酸を産生する歯垢を蓄積させない、虫歯菌のえさとなるしょ糖（菓子やジュース）をとりすぎないなど、虫歯予防を心がけます。そして、虫歯ができてしまったら、早めに治療しましょう。

●常用薬にはさとうが入っています

　喘息やアレルギー性鼻炎などで飲む薬には、さとうが含まれているものがかなりあります。なめてみて甘い薬は、その可能性が高いと思ってください。就寝前に服用の指示があった場合には、歯みがきの前にのむようにしましょう。

あとがき

歯と体の発達に合った離乳食は、丈夫な体をつくる土台です。そして、虫歯を予防し、一生おいしく食べ続けられる歯を、子どもに贈ることにもなる——。それが、この本で伝えたいメッセージです。

2002〜2014年までの『乳幼児だより』（婦人之友社乳幼児グループ発行・詳細は表紙見返しの記述参照）に掲載した内容に、新たな情報等を大幅加筆、再編集し、このたび1冊にまとまりました。

子どもが初めて口にする食べものは手づくりで、安全、おいしいものを。幼い子どもとの生活は、毎日がでこぼこでたいへんですが、楽しく、力あふれるこのときに、家族の食を考え、未来を紡いでいただければと願っております。

婦人之友社編集部

歯と体の発達に合わせた

赤ちゃんと幼児のごはん

0〜3歳

2015年3月10日　第1刷発行
2021年5月15日　第9刷発行

編　者　　外木徳子（小児歯科医）
　　　　　婦人之友社編集部
発行所　　婦人之友社
　　　　　〒171-8510
　　　　　東京都豊島区西池袋2-20-16
電　話　　03-3971-0101
振　替　　00130-5-11600
印刷・製本　大日本印刷株式会社

© Fujin-no-tomo-sha 2015　　Printed in Japan
ISBN978-4-8292-0688-1

○ 協力
榎田二三子（武蔵野大学教授）
若江恵利子（小児科医）
稲原よし子（管理栄養士）
丸井　浩美（管理栄養士）

○ 撮影
原　務

○ アートディレクション
山本めぐみ（EL OSO LOGOS）

○ デザイン
松原　りえ（EL OSO LOGOS）
東　水映（EL OSO LOGOS）

○ カバー・イラスト
はまだなぎさ

重版のたびに最新情報を加筆、改訂しています